学級担任のための国語資料集

短文・長文・PISA型の力がつく

まるごと読解力 文学作品

企画・編集　原田善造

小学4年

本書の特色

五社の教科書の文学作品をまるごと掲載

光村図書、東京書籍、教育出版、学校図書、大阪書籍の五社の教科書の文学作品を掲載しました。五社の教科書の作品がまるごと掲載されていて、たいへん充実した内容になっています。

読解力［思考力・表現力・活用力］の向上に最適のワークシート集　授業中の発問の例としても使える
教科書・全国学力テスト問題・ＯＥＣＤの学力調査（ＰＩＳＡ）やフィンランドの教育方法なども参考に作成

本書を執筆するにあたり、まず、光村図書、東京書籍、教育出版、学校図書、大阪書籍の五社の教科書の文学作品を研究しました。さらに、全国学力テストの活用問題やＯＥＣＤの学力調査（ＰＩＳＡ）の読解力問題・フィンランドの教育方法なども参考に、現場の先生方の知恵を借りながら、日本の子どもたちに適した発問例や問題例を掲載しました。

読み取る力や思考力を問う問いと、表現力・活用力を問う問いをバランスよく掲載していますので、本書の活用により、子どもたちに豊かな読解力［思考力・表現力・活用力］が身につきます。

限られた授業時間の中でがんばっておられる、忙しい現場の先生方に最適な読解力ワークシート

教科書の作品を全部教えるにも授業時間が足らないのが日本の教育現場の実情だといわれています。

本書は、教科書の作品に限って掲載しています。教科書以外の作品から問いを作っても、その作品を教えるのに、とても時間がかかってしまいます。また、教科書以外の作品では、その学年の児童の発達段階に適しているかどうかわかりません。

そこで、本書では何よりも教科書の作品をよく研究し、読解力［思考力・表現力・活用力］向上のための充実した問いを、短文・長文・全文の三部構成で掲載しました。

授業の中での活用はもちろん、短時間の朝勉強やテスト・宿題等、いろいろな場面で、いろいろな時間の長さで活用できるので、忙しい中でがんばっておられる先生方にはピッタリのワークシートです。

本書の使い方

短文読解のページ

日々の授業の発問や朝学習や宿題等に使えるよう、一つの文学作品を何ページかにわたって短く掲載しています。短時間でできますのでぜひご活用下さい。

読解力［思考力・表現力・活用力］を豊かに形成するためには、たくさんの作品に接することも大切ですので、学校で採択されていない他社の教科書の作品もぜひご活用下さい。

長文読解のページ

小学校であつかう一般的なテスト等と同じ長さの問題を掲載しています。授業の発問やテストや宿題等、いろいろな場面で活用して下さい。

思考力・表現力・活用力を高め、よりＰＩＳＡ型をめざした全文読解のページ

作品が長いときは何ページかにわたって全文が掲載されています。例えば、全文が２ページの作品の場合、はじめの一枚目のワークシートは、１ページ目の作品から出題されていますが、二枚目のワークシートは、１ページ・２ページの全文から出題されています。

また、作品は２ページ以上なのに一枚しかワークシートがない場合も、全文から出題されています。どの範囲から出題されているかは、ワークシートに書いてありますので、その範囲の作品のページをご使用下さい。

豊かなイラスト

子どもたちのイマジネーションをふくらませる、豊かなイラストが掲載されています。説明文のワークシートには、イラストと本文の関係を問う問題もありますので、是非、イラストにも着目させて下さい。

解答のページ

本書の解答例は、あくまで一つの解答例です。国語の教材は、子どもによってイメージの仕方や、問題の受け止め方が多様であり、これだけが正解ということは絶対にありません。子どもの表現が少々違っていても、文意が合っていれば必ず○をしてあげて下さい。「思ったこと」「考えたこと」などは様々なとらえ方がありますので、解答例を省略している場合があります。児童の思いをよく聞いて、あくまでも子どもの考えに寄りそった○つけをお願い致します。

短文読解力問題

長文読解力問題

思考力・表現力・活用力を高め、よりPISA型をめざした

全文読解力問題

解答

【光】…光村図書　【学】…学校図書
【東】…東京書籍　【大】…大阪書籍
【教】…教育出版
Ⓟ…思考力・表現力・活用力を高め、よりＰＩＳＡ型をめざした問題

・授業の発問事例
・読解練習
・朝学習
・宿題　等に使える

短文読解力問題

白いぼうし(1)

名前［　　　　］

「これは、レモンのにおいですか。」

ほりばたで乗せたお客のしんしが、話しかけました。

「いいえ、夏みかんですよ。」

信号が赤なので、ブレーキをかけてから、運転手の松井(まつい)さんは、にこにこして答えました。

今日は、六月の初め。

ア夏がいきなり始まったような暑い日です。松井さんもお客も、白いワイシャツのそでを、うでまでたくし上げていました。

「ほう、夏みかんてのは、こんなににおうものですか。」

「もぎたてなのです。きのう、いなかのおふくろが、速達で送ってくれました。においまでわたしにとどけたかったのでしょう。」

「ほう、ほう。」

㋐「あまりうれしかったので、この車にのせてきたのですよ。いちばん大きいのを、」

信号が青に変わると、たくさんの車がいっせいに走りだしました。その大通りを曲がって、細いうら通りに入った所で、しんしはおりていきました。

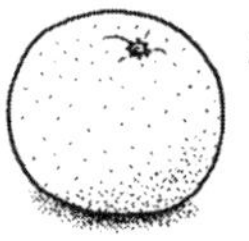

（光村図書　国語　4年（上）かがやき　あまん　きみこ）

上の文章を読んで、答えましょう。

(一) 松井さんの職業は何でしょうか。

（　　　　）

(二) ア夏がいきなり始まったような暑い日だということは、松井さんとお客のどんな様子でわかりますか。

（　　　　）

(三) ㋐はだれの言葉で、この車にのせてきたとは、何をのせてきたのでしょうか。

だれの言葉（　　　　）

何をのせてきたか（　　　　）

※「白いぼうし」の教材は、大阪書籍・学校図書の十七年度版4年生国語教科書にも掲載されています。

白いぼうし(2)

名前［　　　　　　　　　　］

アクセルをふもうとしたとき、松井さんは、はっとしました。

「おや、車道のあんなすぐそばに、小さなぼうしが落ちているぞ。風がもうひとふきすれば、ア車がひいてしまうわい。」

緑がゆれているやなぎの下に、かわいい白いぼうしが、ちょこんと置いてあります。松井さんは車から出ました。

［㋐］、ぼうしをつまみ上げたとたん、ふわっとイ何かが飛び出しました。

「あれっ。」

もんしろちょうです。あわててぼうしをふり回しました。ウそんな松井さんの目の前を、ちょうはひらひら高くまい上がると、なみ木の緑の向こうに見えなくなってしまいました。

（光村図書　国語　4年（上）かがやき　あまん　きみこ）

上の文章を読んで、答えましょう。

（一）ア車がひいてしまうわい。とありますが、何をひいてしまうのでしょうか。

（　　　　　）

（二）［㋐］に入る言葉を、［　］から選んで書きましょう。

けれど・また
そして

（　　　　　）

（三）イ何かとありますが、何が飛び出したのでしょうか。

（　　　　　）

（四）ウそんなは、松井さんのどんな様子でしょう。

（　　　　　）

（五）もんしろちょうは、どうなったでしょうか。

（　　　　　）

白いぼうし(3)

名前［　　　　　　　　　　　　］

「ははあ、わざわざここに置いたんだな。」

ぼうしのうらに、赤いししゅう糸で、小さくぬい取りがしてあります。

「たけやまようちえん
たけの　たけお」

小さなぼうしをつかんで、ため息をついている松井(まつい)さんの横を、太ったおまわりさんが、じろじろ見ながら通りすぎました。

「せっかくのえものがいなくなっていたら、この子は、どんなにがっかりするだろう。」

ちょっとの間、かたをすぼめてつっ立っていた松井さんは、何を思いついたのか、急いで車にもどりました。

運転席から取り出したのは、あの夏みかんです。まるで、あたたかい日の光をそのままそめ付けたような、見事な色でした。すっぱい、いいにおいが、風で辺りに広がりました。

松井さんは、その夏みかんに白いぼうしをかぶせると、飛ばないように、石でつばをおさえました。

（光村図書　国語　4年（上）かがやき　あまん　きみこ）

上の文章を読んで、答えましょう。

(一) 「ははあ、わざわざここに置いたんだな。」とありますが、何が置いてあったのでしょう。

（　　　　　　　　　　）

(二) 小さなぼうしをつかんで、ため息をついている松井さんは、どんなことを思ったのでしょう。

（　　　　　　　　　　）

(三) 急いで車にもどった松井さんは、何を思いついたのでしょう。

（　　　　　　　　　　）

(四) ぼうしが飛ばないように、松井さんはどうしましたか。

（　　　　　　　　　　）

白いぼうし(4)

名前［　　　　　　　　］

車にもどると、おかっぱのかわいい女の子が、ちょこんと後ろのシートにすわっています。

（　）「道にまよったの。行っても行っても、四角い建物ばかりだもん。」

つかれたような声でした。

（　）「ええと、どちらまで。」

（　）「え。——ええ、あの、あのね、菜の花横町ってあるかしら。」

（　）「菜の花橋のことですね。」

エンジンをかけたとき、遠くから、元気そうな男の子の声が近づいてきました。

（光村図書　国語　4年（上）かがやき　あまん　きみこ）

上の文章を読んで、答えましょう。

(一) 後ろのシートにすわっているのは、どんな子でしょうか。

（　　　　　　　　）

(二) 上の文中にある、四つの「　」は、それぞれだれが言ったのでしょう。

松井さんには（ま）

女の子には　（お）　と書きましょう。

(三) 菜の花横町のことを、松井さんはどこと言ったでしょう。

（　　　　　　　　）

(四) エンジンをかけたとき、何が近づいてきたでしょう。

（　　　　　　　　）

白いぼうし(5)

名前［　　　　　　　　　　］

「あのぼうしの下さあ。お母ちゃん、本当だよ。本当のちょうちょが、いたんだもん。」

水色の新しい虫とりあみをかかえた男の子が、エプロンを着けたままのお母さんの手を、ぐいぐい引っぱってきます。

「ぼくが、あのぼうしを開けるよ。だから、お母ちゃんは、このあみでおさえてね。あれっ、石がのせてあらあ。」

客席の女の子が、後ろから乗り出して、せかせかと言いました。

「早く、おじちゃん。早く行ってちょうだい。」

松井（まつい）さんは、あわててアクセルをふみました。やなぎのなみ木が、みるみる後ろに流れていきます。

（光村図書　国語　4年（上）かがやき　あまん　きみこ）

上の文章を読んで、答えましょう。

（一）男の子がかかえていたものは何ですか。

（　　　　　　　　　　）

（二）男の子がお母さんにたのんだことは何ですか。

（　　　　　　　　　　）

（三）女の子がいそいでいる様子がわかるところを書き出しましょう。

（　　　　　　　　　　）

（四）車が速く走っていることがわかる文を書きましょう。

（　　　　　　　　　　）

白いぼうし(6)

名前［　　　　］

㋐「お母さんが、虫とりあみをかまえて、あの子がぼうしをそうっと開けたとき——。」と、ハンドルを回しながら、松井（まつい）さんは思います。㋑「あの子は、どんなに目を丸く（ア）しただろう。」

すると、ぽかっと口をＯ（オー）の字に開けている男の子の顔が、見えてきます。

㋒「おどろいただろうな。まほうのみかん（イ）と思うかな。なにしろ、ちょうが化けたんだから——。」

㋓「ふふふっ。」

ひとりでに笑いがこみ上げてきました。でも、次に、

「おや。」

松井さんはあわてました。バックミラーには、だれもうつっていません。ふり返っても、だれもいません。

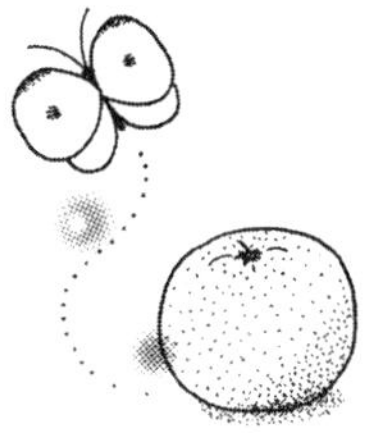

（光村図書　国語　4年（上）かがやき　あまん　きみこ）

上の文章を読んで、答えましょう。

（一）㋐〜㋓のうちで、頭の中で思いうかべたことではないのはどれですか。記号を書きましょう。

（　　）

（二）ア目を丸くを正しく使った文に○をしましょう。

（　）弟の入選の知らせに、父は目を丸くしておどろいた。

（　）おじいさんは、まごの顔を見ると目を丸くしてよろこぶ。

（　）おいしいものを目を丸くして食べる。

（三）どうしてイまほうのみかんなのですか。

（　　）

（四）「おや。」と松井さんがあわてたのは、なぜですか。

（　　）

白いぼうし(7)

名前［　　　　　　　　］

「おかしいな。」

松井(まつい)さんは車を止めて、考え考え、まどの外を見ました。

ア そこは、小さな団(だん)地の前の小さな野原でした。

白いちょうが、二十も三十も、いえ、もっとたくさん飛んでいました。クローバーが青々と広がり、わた毛と黄色の花の交ざったたんぽぽが、点々のもようになってさいています。その上を、おどるように飛んでいるちょうをぼんやり見ているうち、松井さんには、こんな声が聞こえてきました。

「よかったね。」

「よかったよ。」

「よかったね。」

「よかったよ。」

それは、シャボン玉のはじけるような、小さな小さな声でした。

車の中には、まだかすかに、夏みかんのにおいが残っています。

（光村図書　国語　4年（上）かがやき　あまん　きみこ）

上の文章を読んで、答えましょう。

(一) ア そことは、どこのことですか。

（　　　　　　　　）

(二) 小さな野原の様子が書いてある文章の、最初と最後の文字を七字ずつ書き出しましょう。
（、。も一字分とします）

□□□□□□□ ……… □□□□□□□

(三) ① ちょうをぼんやり見ている松井さんに聞こえてきた声は、何と言っていましたか。

（　　　　　　　　）

② それは、どんな声でしたか。

（　　　　　　　　）

一つの花(1)

名前［　　　　　　　　　　　］

「一つだけちょうだい。」

ア これが、ゆみ子のはっきり覚えた最初の言葉でした。

まだ戦争のはげしかったころのことです。

イ そのころは、おまんじゅうだの、キャラメルだの、チョコレートだの、そんな物はどこへ行ってもありませんでした。おやつどころではありませんでした。食べる物といえば、お米の代わりに配給される、おいもや豆やかぼちゃしかありませんでした。

毎日、てきの飛行機が飛んできて、ばくだんを落としていきました。

町は、次々に焼かれて、はいになっていきました。

（光村図書　国語　4年（下）　はばたき　今西（いまにし）　祐行（すけゆき））

※「一つの花」の教材は、東京書籍・教育出版の十七年度版4年生国語教科書にも掲載されています。

上の文章を読んで、答えましょう。

(一) ア これがさす文を書きましょう。

（　　　　　）

(二) イ そのころについて、答えましょう。

① そのころとは、いつのことでしょう。

（　　　　　）

② 食べる物は、どんな物だったのでしょう。

（　　　　　）

(三) 町の様子について、答えましょう。

① 町は、どうなっていきましたか。

（　　　　　）

② それはなぜですか。

（　　　　　）

一つの花(2)

名前［　　　　　　　　］

　ゆみ子は、いつもおなかをすかしていたのでしょうか。ご飯のときでも、おやつのときでも、もっともっとと言って、いくらでもほしがるのでした。

　すると、ゆみ子のお母さんは、

「じゃあね、一つだけよ。」

と言って、自分の分から一つ、ゆみ子に分けてくれるのでした。

「一つだけ――。一つだけ――。」

と、これが、お母さんの口ぐせになってしまいました。ゆみ子は、知らず知らずのうちに、お母さんのこの口ぐせを覚えてしまったのです。

（光村図書　国語　4年（下）はばたき　今西（いまにし）　祐行（すけゆき））

上の文章を読んで、答えましょう。

(一) もっともっとと言って、いくらでもほしがるのは、だれですか。

（　　　　）

(二) 「じゃあね、一つだけよ。」と言って、お母さんはどうしましたか。

（　　　　）

(三) お母さんの口ぐせについて答えましょう。

① どんな口ぐせですか。

（　　　　）

② 口ぐせを覚えてしまったのは、だれですか。

（　　　　）

一つの花(3)

名前［　　　　　　　　］

㋐「なんてかわいそうな子でしょうね。一つだけちょうだいと言えば、なんでももらえると思ってるのね。」

あるとき、お母さんが言いました。

すると、お父さんが、㋐深いため息をついて言いました。

㋑「この子は、一生、みんなちょうだい、山ほどちょうだいと言って、両手を出すことを知らずにすごすかもしれないね。一つだけのいも、一つだけのにぎり飯、一つだけのかぼちゃのにつけ――。みんな一つだけ。一つだけの喜びさ。いや、喜びなんて、一つだってもらえないかもしれないんだね。いったい、大きくなって、どんな子に育つだろう。」

そんなとき、お父さんは、決まってゆみ子をめちゃくちゃに高い高いするのでした。

（光村図書　国語　4年（下）はばたき　今西祐行（いまにしすけゆき））

上の文章を読んで、答えましょう。

(一) ㋐・㋑は、だれが言った言葉でしょう。

㋐（　　　　）

㋑（　　　　）

(二) ㋐深いため息の「深い」の意味と同じものに○をつけましょう。

（　）深い考え

（　）深いみどり色

（　）海が深い

(三) ㋑の言葉から、お父さんはどんな心配をしているのでしょうか。（二つ○をしましょう。）

（　）みんなちょうだい、山ほどちょうだいと言って、よくばらないかな。

（　）喜びなんて、一つだってもらえないかもしれないな。

（　）いったい、大きくなって、どんな子に育つだろう。

（　）この子は、一生、いも、にぎり飯、かぼちゃしか食べられないのかな。

一つの花（4）

名前［　　　　　　　　　　　　　　］

それから間もなく、あまりじょうぶでないゆみ子のお父さんも、戦争に行かなければならない日がやって来ました。

お父さんが戦争に行く日、ゆみ子は、お母さんにおぶわれて、遠い汽車の駅まで送っていきました。頭には、お母さんの作ってくれた、わた入れの防空頭巾（ぼうくうずきん）をかぶっていきました。

お母さんのかたにかかっているかばんには、包帯、お薬、配給のきっぷ、そして、大事なお米で作ったおにぎりが入っていました。

（光村図書　国語　4年（下）はばたき　今西（いまにし）祐行（すけゆき））

上の文章を読んで、答えましょう。

（一）お父さんが戦争に行く日、駅まで送っていったのはだれですか。

（　　　　）（　　　　）

（二）おぶわれているゆみ子は、頭に何をかぶっていましたか。

（　　　　）

（三）お母さんのかたにかかっているかばんに入っている物を、四つ書きましょう。

（　　　　）（　　　　）（　　　　）（　　　　）

一つの花（5）

名前［　　　　　　　　　　］

ゆみ子は、おにぎりが入っているのをちゃあんと知っていましたので、

「一つだけちょうだい、おじぎり、一つだけちょうだい。」

と言って、駅に着くまでにみんな食べてしまいました。お母さんは、戦争に行くお父さんに、ゆみ子の泣き顔を見せたくなかったのでしょうか。

駅には、ほかにも戦争に行く人があって、人ごみの中から、ときどきばんざいの声が起こりました。［ア］、別の方からは、［イ］勇ましい軍歌が聞こえてきました。

ゆみ子とお母さんのほかに見送りのないお父さんは、プラットホームのはしの方で、ゆみ子をだいて、そんなばんざいや軍歌の声に合わせて、小さくばんざいをしていたり、歌を歌っていたりしていました。［ウ］、戦争になんか行く人ではないかのように。

（光村図書　国語　4年（下）はばたき　今西祐行（いまにし すけゆき））

上の文章を読んで、答えましょう。

（一）だれが、何を、駅に着くまでにみんな食べてしまったのでしょう。

（　　　）が（　　　）をみんな食べた。

（二）人ごみの中から、何が聞こえてきたのでしょう。二つ書きましょう。

（　　　）（　　　）

（三）人ごみという言葉から、駅のどんな様子がわかるでしょう。

（　　　）

（四）ア～ウの□に入る言葉を、［　］から選んで書きましょう。

ア（　　　）　イ（　　　）　ウ（　　　）

しかし・まるで・また・たえず

（五）ゆみ子たちは、駅のどこにいますか。

（　　　）

一つの花(6)

名前［　　　　　　　　］

ところが、いよいよ汽車が入ってくるというときになって、またゆみ子の「一つだけちょうだい。」が始まったのです。

㋐「みんなおやりよ、母さん。おにぎりを――。」

お父さんが言いました。

㋑「ええ、もう食べちゃったんですの――。ゆみちゃん、いいわねえ。お父ちゃん、兵隊ちゃんになるんだって。ばんざあいって――。」

お母さんは、そう言ってゆみ子をあやしましたが、ゆみ子は、とうとう泣きだしてしまいました。

「一つだけ。一つだけ。」

と言って。

（光村図書　国語　4年（下）はばたき　今西祐行）

上の文章を読んで、答えましょう。

(一) いよいよ汽車が入ってくるというときになって、何が始まったのでしょう。

（　　　　　　　　）

(二) この物語の作者は、なぜ「おにぎりをみんなおやりよ、母さん。」ではなく、㋐の言い方にしたのでしょう。

（　　　　　　　　）

(三) ① ㋑は、だれの言葉ですか。

（　　　　　　　　）

② その言葉を聞いたゆみ子は、どうしましたか。

（　　　　　　　　）

一つの花(7)

名前［　　　　　　　　　　　　］

お母さんが、ゆみ子を一生けんめいあやしているうちに、お父さんが、ぷいといなくなってしまいました。

　お父さんは、プラットホームのはしっぽの、ごみすて場のような所に、わすれられたようにさいていたコスモスの花を見つけたのです。あわてて帰ってきたお父さんの手には、一輪のコスモスの花がありました。

「ゆみ。さあ、一つだけあげよう。一つだけのお花、大事にするんだよう――。」

　ゆみ子は、お父さんに花をもらうと、キャッキャッと足をばたつかせて喜びました。

　お父さんは、[ア]それを見てにっこり笑うと、[イ]何も言わずに、汽車に乗って行ってしまいました。ゆみ子のにぎっている、一つの花を見つめながら――。

（光村図書　国語　4年（下）はばたき　今西（いまにし）祐行（すけゆき））

上の文章を読んで、答えましょう。

(一) お父さんが、ぷいといなくなってしまったのは、どうしてでしょう。

（　　　　　　　　　　）

(二) あわてて帰ってきたお父さんは、ゆみ子に何と言ったのでしょう。

（　　　　　　　　　　）

(三) [ア]それとは、何を表しているのでしょう。

（　　　　　　　　　　）

(四) イの文章を、一つの文に書きかえましょう。

（　　　　　　　　　　）

一つの花(8)

名前［　　　　　　　　　　］

それから、十年の年月がすぎました。

ゆみ子は、お父さんの顔を覚えていません。自分に<u>ア お父さんがあったことも、あるいは知らないのかもしれません。</u>

[ア]、今、ゆみ子のとんとんぶきの小さな家は、コスモスの花でいっぱいに包まれています。

<u>イ そこから</u>、ミシンの音が、たえず速くなったり、おそくなったり、[イ]、何かお話をしているかのように、聞こえてきます。それは、あのお母さんでしょうか。

（光村図書　国語　4年（下）はばたき　今西（いまにし）祐行（すけゆき））

上の文章を読んで、答えましょう。

(一) <u>ア お父さんがあったことも、あるいは知らないのかもしれません。</u>の意味は、次の三つのうちどれが正しいでしょう。

（　）お父さんがいたことを、ひょっとしたら、知らないのかもしれません。

（　）お父さんがいたことを、よく知っているのかもしれません。

（　）お父さんがいたのかいなかったのか、知らないのかもしれません。

(二) ㋐・㋑の[　]に入る言葉を、[　]から選んで書きましょう。

また　・　まるで　・　でも　・　そして

㋐（　　　　　）㋑（　　　　　）

(三) <u>イ そこは</u>、どこのことでしょうか。

（　　　　　）

(四) 何かお話をしているかのように聞こえてきたのは、何の音ですか。

（　　　　　）

一つの花(9)

名前［　　　　　　　　　　］

「母さん、お肉とお魚とどっちがいいの。」と、ゆみ子の高い声が、コスモスの中から聞こえてきました。

すると、ミシンの音がしばらくやみました。

やがて、ミシンの音がまたいそがしく始まったとき、買い物かごをさげたゆみ子が、スキップをしながら、コスモスのトンネルをくぐって出てきました。そして、町の方へ行きました。

今日は日曜日、ゆみ子が小さなお母さんになって、お昼を作る日です。

（光村図書　国語　4年（下）はばたき　今西祐行）

上の文章を読んで、答えましょう。

(一) ミシンの音がしばらくやんだのは、どうして(何のため)ですか。

（　　　　　　　　　　）

(二) ミシンの音がまたいそがしく始まったことで、どんなことがわかりますか。

（　　　　　　　　　　）

(三) ① 町の方へ行ったのは、だれですか。

（　　　　　　　　　　）

② それは、何のために行ったのでしょう。

（　　　　　　　　　　）

ごんぎつね(1)

名前［　　　　　　　　］

　これは、わたしが小さいときに、村の茂平（もへい）というおじいさんから聞いたお話です。
　昔は、わたしたちの村の近くの中山（なかやま）という所に、小さなおしろがあって、中山様というおとの様がおられたそうです。
　その中山から少しはなれた山の中に、「ごんぎつね」というきつねがいました。ごんは、ひとりぼっちの小ぎつねで、しだのいっぱいしげった森の中に、あなをほって住んでいました。そして、夜でも昼でも、辺りの村へ出てきて、いたずらばかりしました。畑へ入っていもをほり散らしたり、菜種がらのほしてあるのへ火をつけたり、百姓（しょう）家のうら手につるしてあるとんがらし（とうがらし）をむしり取っていったり、いろんなことをしました。

（光村図書　国語　4年（下）はばたき　新美（にいみ）　南吉（なんきち））

上の文章を読んで、答えましょう。

(一) ごんは、どんなきつねで、どこに、どうやって住んでいましたか。

ごんは、（　　　　）で、（　　　　）に、（　　　　）住んでいた。

(二) ごんは、いつ、どこでいたずらをしましたか。

いつ（　　　　）

どこで（　　　　）

(三) ごんのしたいたずらを、三つ書きましょう。

（　　　　）

（　　　　）

（　　　　）

※「ごんぎつね」の教材は、東京書籍・大阪書籍・教育出版・学校図書の十七年度版4年生国語教科書にも掲載されています。

ごんぎつね(2)

名前［　　　　　　　　　　］

ある秋のことでした。二、三日雨がふり続いたその間、ごんは、外へも出られなくて、あなの中にしゃがんでいました。

雨が上がると、ごんは、ほっとしてあなからはい出ました。空はからっと晴れていて、もずの声がキンキンひびいていました。

ごんは、村の小川のつつみまで出てきました。辺りのすすきのほには、まだ雨のしずくが光っていました。川は、いつもは水が少ないのですが、三日もの雨で、水がどっとましていました。ただのときは水につかることのない、川べりのすすきやはぎのかぶが、黄色くにごった水に横だおしになって、もまれています。ごんは、川下の方へと、ぬかるみ道を歩いていきました。

（光村図書　国語　4年（下）　はばたき　新美（にいみ）　南吉（なんきち））

上の文章を読んで、答えましょう。

(一)　ごんが、外へも出られなくて、あなの中にしゃがんでいたのは、どうしてですか。

（　　　　　　　　）

(二)　ごんが、ほっとしてあなからはい出た時の、あなの外の様子を書きましょう。

（　　　　　　　　）

(三)　三日もの雨で、水がどっとましていたことが、よくわかる文を書き出しましょう。

（　　　　　　　　）

ごんぎつね(3)

名前［　　　　　　　　　　］

ふと見ると、川の中に人がいて、何かやっています。ごんは、見つからないように、そうっと草の深い所へ歩きよって、そこからじっとのぞいてみました。

「兵十（ひょうじゅう）だな。」と、ごんは思いました。兵十は、ぼろぼろの黒い着物をまくし上げて、こしのところまで水にひたりながら、魚をとるはりきりというあみをゆすぶっていました。はちまきをした顔の横っちょうに、円いはぎの葉が一まい、大きなほくろみたいにへばり付いていました。

（光村図書　国語　4年（下）　はばたき　新美（にいみ）　南吉（なんきち））

上の文章を読んで、答えましょう。

(一) 川の中にいた人は、だれですか。

（　　　　　　）

(二) ① そうっと草の深い所へ歩きよったのは、だれですか。

（　　　　　　）

② それは、何をするためですか。

（　　　　　　）

(三) ごんがのぞいてみた時、兵十はどんなことをしていましたか。

（　　　　　　）

(四) 兵十の顔の横っちょうにへばり付いていたのは何でしょう。

（　　　　　　）

ごんぎつね(4)

名前［　　　　］

しばらくすると、兵十（ひょうじゅう）は、はりきりあみのいちばん後ろのふくろのようになったところを、水の中から持ち上げました。その中には、しばの根や、草の葉や、くさった木ぎれなどが、ごちゃごちゃ入っていましたが、［㋐］、ところどころ、白い物がきらきら光っています。(ア)それは、太いうなぎのはらや、大きなきすのはらでした。兵十は、びくの中へ、そのうなぎやきすを、ごみといっしょにぶちこみました。そして、［㋑］、ふくろの口をしばって、水の中へ入れました。

兵十は、［㋒］、びくを持って川から上がり、びくを土手に置いといて、何をさがしにか、川上の方へかけていきました。

（光村図書　国語　4年（下）　はばたき　新美（にいみ）　南吉（なんきち））

上の文章を読んで、答えましょう。

(一) 水の中から持ち上げたのは何ですか。

（　　　　）

(二) (ア)それとは、何のことですか。

（　　　　）

(三) ㋐〜㋒の□に入る言葉を、［　］から選んで書きましょう。

㋐（　　　）

㋑（　　　）

㋒（　　　）

［ところが・また　それから・でも］

ごんぎつね(5)

名前［　　　　　　　　　　］

兵十(ひょうじゅう)がいなくなると、ごんは、ぴょいと草の中から飛び出して、びくのそばへかけつけました。ちょいと、いたずらがしたくなったのです。ごんは、びくの中の魚をつかみ出しては、はりきりあみのかかっている所より下手の川の中を目がけて、ぽんぽん投げこみました。どの魚も、トボンと音を立てながら、にごった水の中へもぐりこみました。

いちばんしまいに、太いうなぎをつかみにかかりましたが、なにしろぬるぬるとすべりぬけるので、手ではつかめません。ごんは、じれったくなって、頭をびくの中につっこんで、うなぎの頭を口にくわえました。うなぎは、キュッといって、ごんの首へまき付きました。そのとたんに兵十が、向こうから、

「うわあ、ぬすっとぎつねめ。」

とどなりたてました。ごんは、びっくりして飛び上がりました。

（光村図書　国語　4年（下）　はばたき　新美(にいみ)　南吉(なんきち)）

上の文章を読んで、答えましょう。

（一）草の中から飛び出したごんは、何がしたくなったのですか。

（　　　　）

（二）ごんのしたいたずらは、どんなことですか。

（　　　　）

（三）太いうなぎがすべってつかめないので、ごんはどうしましたか。

（　　　　）

（四）① 「うわあ、ぬすっとぎつねめ。」と言ったのは、だれですか。

（　　　　）

② どうして、ごんをぬすっと(どろぼう)だと思ったのでしょう。

（　　　　）

ごんぎつね(6)

名前［　　　　　　　　　　　　　　　　］

うなぎをふりすててにげようとしましたが、うなぎは、ごんの首にまき付いたままはなれません。ごんは、<u>そのまま</u>(ア)横っ飛びに飛び出して、一生けんめいににげていきました。

ほらあなの近くのはんの木の下でふり返ってみましたが、兵十(ひょうじゅう)は追っかけては来ませんでした。

ごんはほっとして、うなぎの頭をかみくだき、やっと外して、あなの外の草の葉の上にのせておきました。

（光村図書　国語　4年（下）はばたき　新美(にいみ)南吉(なんきち)）

上の文章を読んで、答えましょう。

(一) <u>そのまま</u>(ア)とは、どんな様子のことでしょう。

（　　　　　　　　　　）

(二) ごんは、どこでふり返りましたか。

（　　　　　　　　　　）

(三) ごんはほっとして、うなぎをどうしたのでしょう。三つに分けて書きましょう。

（　　　　　　　　　　）

（　　　　　　　　　　）

（　　　　　　　　　　）

ごんぎつね(7)

名前［　　　　　　　　］

　十日ほどたって、ごんが弥助（やすけ）というお百姓（ひゃくしょう）のうちのうらを通りかかりますと、ア そこのいちじくの木のかげで、弥助の家内が、お歯黒を付けていました。かじ屋の新兵衛（しんべえ）のうちのうらを通ると、新兵衛の家内が、かみをすいていました。ごんは、「ふふん、村に何かあるんだな。」と思いました。「なんだろう、秋祭りかな。祭りなら、たいこや笛の音がしそうなものだ。それにだいいち、お宮にのぼりが立つはずだが。」

（光村図書　国語　4年（下）　はばたき　新美（にいみ）　南吉（なんきち））

上の文章を読んで、答えましょう。

（一）ア そことは、どこですか。

（　　　　　　　）

（二）次の人は、それぞれ何をしていましたか。

弥助の家内

（　　　　　　　）

新兵衛の家内

（　　　　　　　）

（三）「ふふん、村に何かあるんだな。」と思ったごんについて答えましょう。

①　秋祭りがあると思っていますか。思っていませんか。

（　　　　　　　）

②　それは、どうしてですか。

（　　　　　　　）

ごんぎつね(8)

名前［　　　　　　　　　　　　］

こんなことを考えながらやって来ますと、いつの間にか、表に赤いいどのある兵十（ひょうじゅう）のうちの前へ来ました。その小さなこわれかけた家の中には、大ぜいの人が集まっていました。よそ行きの着物を着て、こしに手ぬぐいを下げたりした女たちが、表のかまどで火をたいています。大きななべの中では、何かぐずぐずにえていました。

「ああ、そうしきだ。」と、ごんは思いました。

「兵十のうちのだれが死んだんだろう。」

お昼がすぎると、ごんは、村の墓地（ぼ）へ行って、六地蔵（ぞう）さんのかげにかくれていました。いいお天気で、遠く向こうには、おしろの屋根がわらが光っています。墓地には、ひがん花が、赤いきれのようにさき続いていました。と、村の方から、カーン、カーンと、かねが鳴ってきました。そうしきの出る合図です。

（光村図書　国語　4年（下）はばたき　新美（にいみ）南吉（なんきち））

上の文章を読んで、答えましょう。

（一）ごんは、どんな様子を見て「ああ、そうしきだ。」と思ったのでしょう。二つ書きましょう。

（　　　　　　　　）

（　　　　　　　　）

（二）①お昼すぎ、ごんはどこにいましたか。

（　　　　　　　　）

②なぜそこに行ったのですか。行ったわけを書きましょう。

（　　　　　　　　）

（三）ひがん花は、どんな様子でさいていましたか。

（　　　　　　　　）

ごんぎつね(9)

名前［　　　　　　　　　　］

　やがて、白い着物を着た　そうれつの者たちがやって来るのが、ちらちら見え始めました。話し声も近くなりました。そうれつは、墓地へ入ってきました。人々が通ったあとには、ひがん花がふみ折られていました。

　ごんは、のび上がって見ました。兵十（ひょうじゅう）が、白いかみしもを着けて、いはいをささげています。いつもは、赤いさつまいもみたいな元気のいい顔が、今日はなんだかしおれていました。

「ははん、死んだのは、兵十のおっかあだ。」

ごんは、そう思いながら頭を引っこめました。

（光村図書　国語　4年（下）　はばたき　新美（にいみ）南吉（なんきち））

上の文章を読んで、答えましょう。

(一) ごんが、のび上がって見たのは、何ですか。

（　　　　　　　　　　）

(二) 今日の兵十の様子は、いつもとくらべて、どう変わっていましたか。

いつも（　　　　　　　　　　）

今日（　　　　　　　　　　）⇦

(三) ごんが「ははん、死んだのは、兵十のおっかあだ。」と思ったのは、何を見たからですか。

（　　　　　　　　　　）

ごんぎつね(10)

名前［　　　　　　］

そのばん、ごんは、あなの中で考えました。「兵十（ひょうじゅう）のおっかあは、ア とこについていて、うなぎが食べたいと言ったにちがいない。それで、兵十が、はりきりあみを持ち出したんだ。ところが、わしがいたずらをして、うなぎを取ってきてしまった。だから、兵十は、おっかあにうなぎを食べさせることができなかった。そのまま、おっかあは、死んじゃったにちがいない。ああ、うなぎが食べたい、うなぎが食べたいと思いながら死んだんだろう。ちょっ、あんないたずらをしなければよかった。」

（光村図書　国語　4年（下）　はばたき　新美（にいみ）　南吉（なんきち））

上の文章を読んで、答えましょう。

（一）ごんは、いつ、どこで考えましたか。

いつ（　　　　）

どこで（　　　　）

（二）ア「とこについていて」とは、どういう意味ですか。わかりやすい言葉で書きなおしましょう。

（　　　　）

（三）なぜ、ごんは、「ちょっ、あんないたずらをしなければよかった」と思ったのでしょう。

（　　　　）

ごんぎつね(11)

名前［　　　　　　　　　　　　］

兵十が、赤いいどの所で麦をといでいました。

兵十は、今までおっかあと二人きりで、まずしいくらしをしていたもので、おっかあが死んでしまっては、もうひとりぼっちでした。「おれと同じ、ひとりぼっちの兵十か。」こちらの物置の後ろから見ていたごんは、ア そう思いました。

ごんは、物置のそばをはなれて、向こうへ行きかけますと、どこかで、いわしを売る声がします。

（光村図書　国語　4年（下）　はばたき　新美南吉）

上の文章を読んで、答えましょう。

（一）ごんは、どこから兵十を見ていましたか。

（　　　　　　　　）

（二）なぜごんは、「おれと同じ」とおもったのですか。

（　　　　　　　　）

（三）ア そうとありますが、どう思ったのでしょう。

（　　　　　　　　）

ごんぎつね(12)

名前［　　　　］

ア「いわしの安売りだあい。生きのいい、いいわしだあい。」

ごんは、そのいせいのいい声のする方へ走っていきました。と、弥助(やすけ)のおかみさんが、うら戸口から、

イ「いわしをおくれ。」

と言いました。いわし売りは、いわしのかごを積んだ車を道ばたに置いて、ぴかぴか光るいわしを両手でつかんで、弥助のうちの中へ持って入りました。ごんは、そのすき間に、かごの中から五、六ぴきのいわしをつかみ出して、もと来た方へかけ出しました。そして、兵十(ひょうじゅう)のうちのうら口から、うちの中へいわしを投げこんで、あなへ向かってかけもどりました。とちゅうの坂の上でふり返ってみますと、兵十がまだ、いどの所で麦をといでいるのが小さく見えました。

ごんは、うなぎのつぐないに、まず一つ、アいいことをしたと思いました。

(光村図書　国語　4年(下)　はばたき　新美(にいみ)　南吉(なんきち))

上の文章を読んで、答えましょう。

(一) ア・イは、だれが言った言葉ですか。

ア（　　　　）

イ（　　　　）

(二) いわし売りが弥助のうちへ入ったすき間に、ごんはどんなことをしたのでしょう。

（　　　　）

(三) アいいこととは、どんなことですか。

（　　　　）

ごんぎつね(13)

名前［　　　　］

　次の日には、ごんは山でくりをどっさり拾って、それをかかえて兵十（ひょうじゅう）のうちへ行きました。うら口からのぞいてみますと、兵十は、昼飯を食べかけて、茶わんを持ったまま、ぼんやりと考えこんでいました。変なことには、兵十のほっぺたに、かすりきずがついています。どうしたんだろうと、ごんが思っていますと、兵十がひとり言を言いました。

「いったい、だれが、いわしなんかを、おれのうちへほうりこんでいったんだろう。おかげでおれは、ぬすびとと思われて、いわし屋のやつにひどい目にあわされた。」

と、ぶつぶつ言っています。

　ごんは、これはしまったと思いました。「かわいそうに兵十は、いわし屋にぶんなぐられて、あんなきずまでつけられたのか。」

　ごんは（ア）こう思いながら、そっと物置の方へ回って、その入り口にくりを置いて帰りました。

　次の日も、その次の日も、ごんは、くりを拾っては兵十のうちへ持ってきてやりました。その次の日には、くりばかりでなく、松たけも二、三本、持っていきました。

（光村図書　国語　4年（下）　はばたき　新美（にいみ）南吉（なんきち））

上の文章を読んで、答えましょう。

(一)　兵十のほっぺたに、かすりきずがついていたのは、どうしてでしょうか。

（　　　　）

(二)　兵十のひとり言を聞いて、ごんはどのように思いましたか。

（　　　　）

(三)　アこう思いながらとは、どのように思ったのですか。

（　　　　）

(四)　いわし屋にぶんなぐられて、きずまでつけられた兵十を見たあと、ごんはどんなことをしましたか。

（　　　　）

ごんぎつね(14)

名前［　　　　　　　　］

ア月のいいばんでした。ごんは、ぶらぶら遊びに出かけました。中山様のおしろの下を通って、少し行くと、細い道の向こうから、だれか来るようです。話し声が聞こえます。チンチロリン、チンチロリンと、松虫が鳴いています。

ごんは、道のかた側にかくれて、じっとしていました。話し声は、だんだん近くなりました。それは、兵十（ひょうじゅう）と、加助（かすけ）というお百姓（ひゃくしょう）でした。

（光村図書　国語　4年（下）はばたき　新美（にいみ）南吉（なんきち））

上の文章を読んで、答えましょう。

(一) ア月のいいばんを、わかりやすい言葉に書きかえましょう。

（　　　　　　）

(二) ごんがぶらぶら遊びに出かけ、おしろの下を通っている時、どんな声や音が聞こえてきたのでしょう。

（　　　　　　）（　　　　　　）

(三) 細い道の向こうから来たのは、だれとだれでしたか。

（　　　　　　）と（　　　　　　）

ごんぎつね(15)

名前［　　　　　］

「そうそう、なあ、加助(かすけ)。」

と、兵十(ひょうじゅう)が言いました。

「ああん。」

「おれあ、このごろ、とても㋐不思議なことがあるんだ。」

「何が。」

「おっかあが死んでからは、だれだか知らんが、おれにくりや松たけなんかを、毎日毎日くれるんだよ。」

㋐「ふうん、だれが。」

「それが分からんのだよ。おれの知らんうちに置いていくんだ。」

ごんは、二人の後をつけていきました。

「ほんとかい。」

㋑「ほんとだとも。うそと思うなら、あした見に来いよ。そのくりを見せてやるよ。」

㋒「へえ、変なこともあるもんだなあ。」

それなり、二人はだまって歩いていきました。

（光村図書　国語　4年（下）はばたき　新美(にいみ)　南吉(なんきち)）

上の文章を読んで、答えましょう。

(一) 兵十が言った、とても㋐不思議なこととは、どんなことですか。

（　　　　　　　　　　）

(二) ㋐〜㋒は、だれが言った言葉ですか。

㋐（　　）　㋑（　　）　㋒（　　）

(三) ごんは二人の話を、どうやって聞いているのでしょう。

（　　　　　　　　　　）

ごんぎつね(16)

名前［　　　　　　　　　　］

加助（かすけ）が、ひょいと後ろを見ました。ごんはびくっとして、小さくなって立ち止まりました。加助は、ごんには気がつかないで、そのままさっさと歩きました。吉兵衛（きちべえ）というお百姓（ひゃくしょう）のうちまで来ると、二人はア そこへ入っていきました。ポンポンポンポンと、木魚の音がしていました。まどのしょうじに明かりが差していて、大きなぼうず頭がうつって、動いていました。ごんは、「お念仏（ぶつ）があるんだな。」と思いながら、いどのそばにしゃがんでいました。しばらくすると、また三人ほど人が連れ立って、吉兵衛のうちへ入っていきました。

　おきょうを読む声が聞こえてきました。

　ごんは、お念仏がすむまで、いどのそばにしゃがんでいました。兵十（ひょうじゅう）と加助は、またいっしょに帰っていきます。ごんは、二人の話を聞こうと思って、ついていきました。兵十のかげぼうしをふみふみ行きました。

（光村図書　国語　4年（下）　はばたき　新美（にいみ）　南吉（なんきち））

上の文章を読んで、答えましょう。

(一) ア そことは、どこへ入ったのでしょうか。

（　　　　　　）

(二) なぜ、ごんは「お念仏があるんだな。」と思ったのでしょう。二つ書きましょう。

（　　　　　　）

（　　　　　　）

(三) ごんはいつまで、いどのそばにしゃがんでいましたか。

（　　　　　　）

(四) 二人の話を聞こうと思って、ついていったごんの様子を書きましょう。

（　　　　　　）

ごんぎつね(17)

名前［　　　　　　　　　　］

　おしろの前まで来たとき、加助(かすけ)が言いだしました。

「さっきの話は、きっと、そりゃあ、神様のしわざだぞ。」

㋐「□。」

と、兵十(ひょうじゅう)はびっくりして、加助の顔を見ました。

「おれはあれからずっと考えていたが、どうも、そりゃ、人間じゃない、神様だ。神様が、おまえがたった一人になったのをあわれに思わっしゃって(お思いになって)、いろんな物をめぐんでくださるんだよ。」

㋑「□。」

「そうだとも。だから、毎日、神様にお礼を言うがいいよ。」

㋒「□。」

　ごんは、「へえ、こいつはつまらないな。」と思いました。「おれがくりや松たけを持っていってやるのに、そのおれにはお礼を言わないで、神様にお礼を言うんじゃあ、おれは引き合わないなあ。」

（光村図書　国語　4年（下）はばたき　新美(にいみ)　南吉(なんきち)）

上の文章を読んで、答えましょう。

(一)　なぜ兵十はびっくりして、加助の顔を見たのでしょうか。

（　　　　　　　　　　）

(二)　㋐～㋒の「　」の中に、左の□から言葉を選んで書きましょう。また、それはだれの言った言葉ですか。（　）に書きましょう。

㋐「　　　　。」（　　　）

㋑「　　　　。」（　　　）

㋒「　　　　。」（　　　）

［そうかなあ・うん・えっ］

(三)　ごんが「へえ、こいつはつまらないな。」と思ったのは、どうしてですか。

（　　　　　　　　　　）

ごんぎつね(18)

名前［　　　　　　　　］

その明くる日も、ごんは、くりを持って、兵十(ひょうじゅう)のうちへ出かけました。兵十は、物置でなわをなっていました。それで、ごんは、うちのうら口から、こっそり中へ入りました。

そのとき兵十は、ふと顔を上げました。と、ア きつねがうちの中へ入ったではありませんか。こないだ、うなぎをぬすみやがったあのごんぎつねめが、またいたずらをしに来たな。

「ようし。」

兵十は立ち上がって、なやにかけてある火なわじゅうを取って、火薬をつめました。そして、足音をしのばせて近よって、今、戸口を出ようとするごんを、ドンとうちました。

ごんは、ばたりとたおれました。

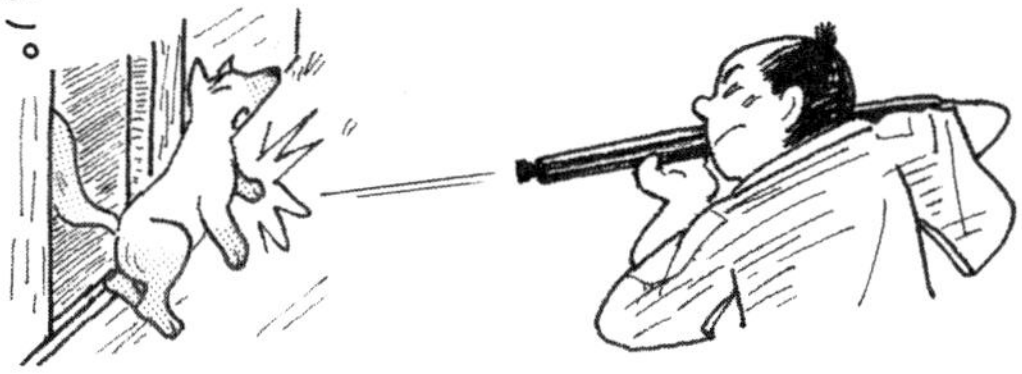

（光村図書　国語　4年（下）はばたき　新美(にいみ)　南吉(なんきち)）

上の文章を読んで、答えましょう。

(一) ごんは、うら口からこっそり入って、何をしようと思ったのですか。

（　　　　　　　　）

(二) ア きつねのことを、兵十はどう思っていたのでしょうか。

（　　　　　　　　）

(三) 「ようし。」で、兵十のどんな気持ちがわかりますか。

（　　　　　　　　）

ごんぎつね(19)

名前［　　　　］

兵十（ひょうじゅう）はかけよってきました。うちの中を見ると、土間にくりが固めて置いてあるのが、目につきました。

「おや。」

と、兵十はびっくりして、ア ごんに目を落としました。

「ごん、おまい（おまえ）だったのか、いつも、くりをくれたのは。」

ごんは、ぐったりと目をつぶったまま、うなずきました。

兵十は、火なわじゅうをばたりと取り落としました。青いけむりが、まだつつ口から細く出ていました。

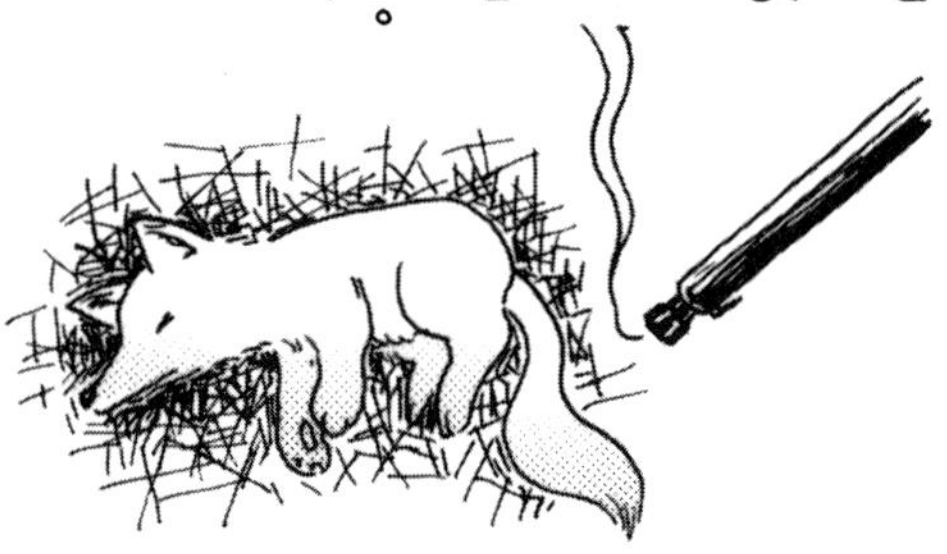

（光村図書　国語　4年（下）　はばたき　新美（にいみ）　南吉（なんきち））

上の文章を読んで、答えましょう。

(一) 兵十は、なぜ「おや。」とびっくりしたのですか。

（　　　　）

(二) ア ごんに目を落としました。とは、どういう意味ですか。

（　　　　）

(三) 「ごん、おまいだったのか、いつも、くりをくれたのは。」と言った兵十に、ごんはどのように答えましたか。

（　　　　）

(四) 火なわじゅうをばたりと取り落とした兵十の気持ちを書きましょう。

（　　　　）

夏のわすれもの(1)

名前［　　　　　　］

暑い暑い日だった。まどの風りんはチリンとも鳴らない。ああ、川に行きたい！今ごろ、いっちゃんたちは川で……。そう思ったら、もうがまんできなくなった。ぼくはえん筆を置いて、ドリルをとじた。そうっと、えんがわから庭を見た。おじいちゃんの横で、草取りを手伝っていたかずえがふり向いた。

㋐「お兄ちゃん、また川へいくの？」

ほっぺをふくらませた顔が、お母さんにそっくりだ。

㋑「うるさいなあ。」

かずえをにらみ返して、ぼくはビーチサンダルをはいた。

㋒「まさるも草取りを……手伝ってくれんか。」

おじいちゃんが、にこにこしながら言った。

㋓「友達が待ってるから……。あした、手伝う。」

ぼくはうき輪をおじいちゃんに見せて、かけだした。

（東京書籍　新編　新しい国語　4年（上）　福田（ふくだ）岩緒（いわお））

上の文章を読んで、答えましょう。

(一) 風がふかない、暑い日だったことがわかる文を、書きましょう。

（　　　　　　）

(二) おじいちゃんとかずえは、何をしていますか。

（　　　　　　）

(三) ㋐〜㋓は、だれが言った言葉ですか。

㋐（　　　）　㋑（　　　）

㋒（　　　）　㋓（　　　）

(四) ぼくが、うき輪をおじいちゃんに見せたのは、おじいちゃんに何を言いたかったのでしょうか。

（　　　　　　）

夏のわすれもの(2)

名前［　　　　　　　　　　　　］

川に近づくにつれて、にぎやかな声が聞こえてきた。ぼくだけが仲間外れにされてるようで、気持ちがあせった。飛ぶように坂道をかけ下りた。

「ふんすい岩」には、もういっちゃんたちが来ていた。

川にせり出して、三つの岩がよりそってならんでいる。(ア)真ん中のひときわ大きい岩のことを、ぼくら、この町の子どもたちはふんすい岩とよんでいた。昔の子どもたちが、おもしろがっておしっこをしていたので、(イ)そうよばれるようになったのかもしれない。もちろん、今はだれも(ウ)そんな所でおしっこなんかしない。

（東京書籍　新編　新しい国語　4年（上）　福田(ふくだ)　岩緒(いわお)）

上の文章を読んで、答えましょう。

(一) ① にぎやかな声を聞いたぼくは、どんな気持ちになりましたか。

（　　　　　　　　）

② それで、ぼくはどうしましたか。

（　　　　　　　　）

(二) (ア)真ん中とありますが、何の真ん中ですか。

（　　　　　　　　）

(三) (イ)そうにあたる言葉を書きましょう。

（　　　　　　　　）

(四) (ウ)そんな所にあたる言葉を書きましょう。

（　　　　　　　　）

夏のわすれもの(3)

名前［　　　　　　　　］

㋐「おうい、まさるう。」

いっちゃんが、ぼくにかた手をあげて飛んだ。空中であぐらをかいて、両手を合わせた。

㋑「あ、『ナンマイダー飛び』だ。」

飛びちったしぶきがきらきらと光った。ぼくはうき輪を置いて、急いでランニングと半ズボンをぬいだ。プールの水とちがって、川の水はびっくりするくらいつめたい。両手で水をすくって、むねにかけた。

「ひゃっ!」

全身のきん肉がきゅんとちぢんだ。

（東京書籍　新編　新しい国語　4年（上）　福田(ふくだ)　岩緒(いわお)）

上の文章を読んで、答えましょう。

（一）㋐・㋑は、だれの言葉ですか。

㋐（　　　　）

㋑（　　　　）

（二）『ナンマイダー飛び』とは、どんな飛び方ですか。説明をしましょう。

（　　　　）

（三）①「ひゃっ!」と言ったのはだれですか。

（　　　　）

②どうしてそう言ったのでしょうか。

（　　　　）

夏のわすれもの(4)

名前［　　　　］

ふんすい岩のてっぺんに立って、思いっ切り息をすいこんだ。すき通った秋川の水が、まだらに光っている。ぼくはしゅりけんを投げるまねをして、岩をけった。かた足だけまっすぐにのばす。得意の『にん者飛び』だ。

水面はあっという間だ。だけど、そのいっしゅんの間に、ぼくたちは、にん者にも鳥にも、スーパーマンにもなれるのだ。にん者は、水しぶきをあげた。水中に入るしゅん間に、鼻から息をフッとはき出す。アこのタイミングを覚えないと、とんでもない目にあう。水中では、つめたさなんかまるで感じない。

「ブワァッ。」

水面から顔を出したぼくの耳に、みんなのはく手とはしゃぐ声が聞こえた。

（東京書籍　新編　新しい国語　4年（上）　福田(ふくだ)　岩緒(いわお)）

上の文章を読んで、答えましょう。

(一)
① ぼくの得意な飛び方は何ですか。

（　　　　）

② 飛んでいるいっしゅんの間に、ぼくたちは、どんなものになれるのでしょう。三つ書きましょう。

（　　　　）（　　　　）（　　　　）

(二) アこのタイミングとは、何のタイミングでしょうか。

（　　　　）

(三) 「ブワァッ。」という音は、どんなときの音ですか。

（　　　　）

夏のわすれもの(5)

名前［　　　　　　　　］

　仲間の中で、一番の飛びこみ名人はいっちゃんだった。いっちゃんの『ムササビ飛び』は、だれにもまねができない。両手と両足をめいっぱい広げて、そのまま水面を切るように飛びこむのだ。
　ぼくも友達も、一度はちょうせんしてみたけれど、だれ一人成功しなかった。
「いっちゃん、ムササビやってよ。」
ゆうじが、いっちゃんにリクエストした。
「やるのお……。」
　照れながらいっちゃんが頭をかいた。うれしくてたまらない……って顔だ。

（東京書籍　新編　新しい国語　4年（上）　福田岩緒）

上の文章を読んで、答えましょう。

㈠　一番の飛びこみ名人は、だれですか。

㈡　『ムササビ飛び』とは、どんな飛び方ですか。説明をしましょう。

㈢　①　うれしくてたまらない……って顔をしたのは、だれですか。

だれ

②　どうしてうれしいのでしょうか。

夏のわすれもの(6)

名前［　　　　　　］

みんなの目がいっちゃんに集まったとき、遠くで救急車のサイレンの音が鳴っていた。

　何度か足ぶみした後、いっちゃんの体がふわっとちゅうにういた。ふんすい岩よりも高い所で、両手と両足がすうっと開いた。ア<u>いっちゃんがムササビに変身(へんしん)したしゅん間</u>だった。まるで、スローモーションを見ているようにみごとだった。ムササビは、一直線に秋川の流れにすいこまれていった。

　いろんな飛びこみで楽しんだ後、『人間ダーツ』が始まった。川上から流したうき輪に足から飛びこんで、命中率(りつ)をきそうゲームだ。スリル満点の遊びだ。たちまちぼくたちは、『人間ダーツ』に夢中(むちゅう)になった。

　うき輪を三回くぐりぬけたときだった。となりの家のまさし兄ちゃんが、こわい顔をして走ってきた。

「まさる！　じいちゃんがたいへんだ。」

　にぎやかだったふんすい岩から音が消えた。

（東京書籍　新編　新しい国語　4年（上）　福田(ふくだ)　岩緒(いわお)）

上の文章を読んで、答えましょう。

(一) 救急車のサイレンの音が鳴っていたのは、いつでしたか。

（　　　　　　）

(二) ① ア<u>いっちゃんがムササビに変身したしゅん間</u>、いっちゃんはどこにいますか。

（　　　　　　）

② そのときのいっちゃんの体は、どんな様子ですか。

（　　　　　　）

(三) 『人間ダーツ』とは、どんな遊びでしょうか。

（　　　　　　）

(四) まさし兄ちゃんが走ってきたとき、まさるは何をしていましたか。

（　　　　　　）

夏のわすれもの(7)

名前［　　　　　　　　］

　げん関先に救急車が止まっていて、近所のおばさんたちが集まっていた。

　部屋に入った。おじいちゃんはふとんにねていた。みんながふとんにくっつくようにすわっていた。その後ろで、一人の救急隊員が道具をかたづけていて、もう一人が電話で話していた。おばあちゃんがおじいちゃんのまくら元にいて、その横にお母さんがすわっていた。

㋐「じいちゃん、……まさるが来たよ……。」

　お母さんが、泣きながらおじいちゃんに言った。

㋑「急にいっちまって……。」

　ぽつりとおばあちゃんが言った。

㋒「じいちゃん、死んじゃった……。」

　お母さんにだかれていたかずえが、べそをかきながら言った。げん関にだれかがかけこんできた。真っ青な顔をしたお父さんだった。お父さんは、おじいちゃんのまくら元に手をつくと、

㋓「父さん……。」

と言ったまま、おこったようにだまってしまった。

（東京書籍　新編　新しい国語　4年（上）　福田（ふくだ）岩緒（いわお））

上の文章を読んで、答えましょう。

(一)　ぼくが部屋に入ったときの、つぎの人たちの様子を書きましょう。

おじいちゃん（　　　　　　　　）

おばあちゃん（　　　　　　　　）

お母さん（　　　　　　　　）

かずえ（　　　　　　　　）

一人の救急隊員（　　　　　　　　）

もう一人の救急隊員（　　　　　　　　）

(二)　㋐〜㋓は、だれの言葉ですか。

㋐（　　　　）　㋑（　　　　）

㋒（　　　　）　㋓（　　　　）

夏のわすれもの(8)

名前［　　　　］

おじいちゃんの顔は、ねむっているようにしか見えなかった。こんな暑い日なのに、しんじられないくらいすずしそうな顔をしていた。

「まさるも草取りを……手伝ってくれんか。」

ついさっき、ア そう言っていた、しわしわのくちびるをかたくとじていた。

夏休みになったら、草取りをするって約束したのに、ぼくはまだ一度も手伝っていなかった。おじいちゃんのかぶっていた麦わらぼうしが、すみのちゃぶ台の上に置いてあった。イ 麦わらぼうしがさびしそうだった。

（東京書籍　新編　新しい国語　4年（上）　福田(ふくだ)　岩緒(いわお)）

上の文章を読んで、答えましょう。

(一) おじいちゃんはどんな顔をしていましたか。二つ書きましょう。

（　　　　）（　　　　）

(二) ア そうとありますが、おじいちゃんは何と言っていたのでしょうか。

（　　　　）

(三) まさるとおじいちゃんとの約束とは、何だったのでしょうか。

（　　　　）

(四) イ 麦わらぼうしがさびしそうだったのは、なぜですか。

（　　　　）

名前［　　　　］

夏のわすれもの(9)

夜、みんなでおじいちゃんの体をきれいにしてあげた。ぼくはおじいちゃんの茶色のごつごつした両手を、きれいにふいた。息をしていないおじいちゃんの顔は、こわくてふけなかった。

おそう式も暑い日だった。長い長いおきょうだった。ぼくは何度もすわり直した。おばあちゃんはうつむいたまま、右手で左手をさすっていた。おきょうのとちゅう、セミがいっせいに鳴きだしたので、ぼくは外を見た。真っ青な空の下から、山のように雲が上っていた。いっちゃんたちは川で遊んでるんだろうなあ……と思った。

（東京書籍　新編　新しい国語　4年（上）　福田岩緒）

上の文章を読んで、答えましょう。

(一) 夜、ぼくがしたことは何ですか。

（　　　　）

(二) 長い長いおきょうの間、ぼくとおばあちゃんは、何をしていましたか。

ぼく（　　　　）

おばあちゃん（　　　　）

(三) おきょうのとちゅう、ぼくが外を見たのは、どうしてですか。

（　　　　）

夏のわすれもの(10)

名前［　　　　］

それから一週間がたち、お母さんたちの顔が、やっと少しだけふだんの顔にもどりかけていた。おばあちゃんは、今まで以上に、えんがわにすわる時間が長くなった。右手で左手をしずかにさすりながら、置物のように、いつまでも庭をぼんやりとながめていた。アそんなおばあちゃんを見ていて、ぼくは気がついたんだ。右手で左手をさするのは、おじいちゃんの「くせ」だったんだ……って。

庭の草は、お父さんがきれいにぬき取った。おじいちゃんが、だいじに育てたひまわりが、黄色い麦わらぼうしのような、大きな花をさかせていた。

（東京書籍　新編　新しい国語　4年（上）　福田(ふくだ)　岩緒(いわお)）

上の文章を読んで、答えましょう。

(一)　一週間がたった後、お母さんたちの顔はどうなりましたか。

（　　　　）

(二)　アそんなとは、おばあちゃんのどんな様子でしょう。

（　　　　）

(三)　そんなおばあちゃんを見ていたぼくは、どんなことに気がつきましたか。

（　　　　）

(四)　ひまわりは、どんな花をさかせていたのですか。

（　　　　）

夏のわすれもの(11)

名前［　　　　　　　　　　］

夏休みも残り少なくなったのに、ぼくは相かわらず、ア<u>ふんすい岩通い</u>を続けていた。

イ<u>とうとうお母さんがばく発した。</u>

「まさる！　宿題がまだ残ってるんでしょ！　川へ行くのもいいかげんにしなさい！」

ふくらませていたうき輪を、ぼくからうばい取って投げすてた。

（じいちゃんだったら、何も言わないのに。）

ぼくは、目でお母さんに言い返した。宿題のドリルを開いても、まるでやる気が起こらない。セミまでが、川へ「コーイ、コイコイコイ……。」と、鳴いていた。セミの声に合わせて、ウ<u>えん筆でちゃぶ台をたたいた。</u>

「無理せんでもいい。川へ行けばいい……。」

おばあちゃんがぽつりと言った。

「だって、お母さんが……。」

「いい、いい。おばあちゃんが言っといてやる。」

「ほんとう？　ありがとう、ばあちゃん。」

（東京書籍　新編　新しい国語　4年（上）　福田　岩緒）

上の文章を読んで、答えましょう。

（一）ア<u>ふんすい岩通い</u>とは、どんなことですか。

（　　　　　　　　　　）

（二）イ<u>とうとうお母さんがばく発して</u>、お母さんが言ったことと、したことを書きましょう。

言ったこと（　　　　　　　　　　）

したこと（　　　　　　　　　　）

（三）① ウ<u>えん筆でちゃぶ台をたたいた</u>のはだれですか。

（　　　　　　　　　　）

② どんな気持ちでたたいていたのでしょう。左の文から選んで、○をしましょう。

（　）音楽が好きで、セミの声を楽しんでいる。

（　）川へ行きたくて、ドリルをやる気になれない。

（　）宿題が残っているので、イライラしている。

夏のわすれもの(12)

名前［　　　　　　　　　　］

㋐「ほれ、……これかぶっていけ。」

おばあちゃんが、麦わらぼうしをぼくの前に置いた。

㋑「これ、じいちゃんの？」

㋒「じいちゃんのわすれものだよ……。」

おばあちゃんの顔が、泣き笑いの顔になった。

ぼくはうき輪と麦わらぼうしをかかえて、部屋を飛び出した。

麦わらぼうしをかぶろうとしたぼくの目に、とつぜん黄金の光（ア）が飛びこんできた。ひまわり畑だった。ぼくは思わず立ち止まった。そこにひまわり畑があるのは知っていた。だけど、今日はそのひまわり畑が、いつもとちがって見えた。ひまわりは、おじいちゃんの大好きだった花だ。庭にひまわりを植えながら、

㋓「まさる、ひまわりはなあ、小さな太陽だ。太陽と同じ明るさをくれる花だよ……。まさるも、ひまわりのようになればいいなあ……。」

そう言っていた、おじいちゃんの言葉を思い出した。

（東京書籍　新編　新しい国語　4年（上）　福田(ふくだ)　岩緒(いわお)）

上の文章を読んで、答えましょう。

(一) ㋐～㋓は、それぞれだれの言葉ですか。

㋐（　　　　）　㋑（　　　　）

㋒（　　　　）　㋓（　　　　）

(二) 黄金の光（ア）とは、何のことですか。

（　　　　　　　　）

(三) おじいちゃんは、ひまわりのことを、どんな花だと言っていましたか。

（　　　　　　　　）

(四) おじいちゃんは、まさるに、どんな人に育ってほしいと願っていましたか。

（　　　　　　　　）

夏のわすれもの(13)

名前［　　　　　］

①
小学校へ行くまでは、ぼくとおじいちゃんはいつもいっしょだった。ぼくをだれよりもかわいがってくれたおじいちゃん。そのおじいちゃんは、［㋐］どこにもいない。ほんとうにいなくなったんだ。

目のおくが熱くなった。鼻がつまって……。［㋑］こらえ切れなくなった。泣き始めたら止まらなくなって、なみだがぼろぼろ流れ落ちた。おじいちゃんの麦わらぼうしをかぶった。少し大きかった。

ふり返ると、ひまわり畑は、悲しいほど明るく、にぎやかに見えた。

（じいちゃん、ぼく、ひまわりのようになるからね。）

麦わらぼうしのひさしを下げて、ぼくは川へ続く道に出た。

（東京書籍　新編　新しい国語　4年（上）　福田(ふくだ)　岩緒(いわお)）

上の文章を読んで、答えましょう。

（一）①の段落でわかることを、三つ書きましょう。

（　　　　　）

（　　　　　）

（　　　　　）

（二）㋐・㋑の□に入る言葉を、[ ]から選んで書きましょう。

しかし・もう・でも・とうとう

㋐（　　　　　）

㋑（　　　　　）

（三）ぼくが、おじいちゃんにとどけた言葉を書き出しましょう。

（　　　　　）

やい、とかげ(1)

名前［　　　　　］

ぼくは自転車をなくした。だれのせいでもない。ぼくが悪い。

自転車のかぎをかけないで、文ぼう具屋の前に止めておいた。

ろう石を買って店から出てきたら、自転車はどこにもない。手品みたいに真昼の道路から消えてしまった。

家に帰って母さんに話したら、母さんはかんかんになっておこった。

「だらしがないったらありゃしない。」

「物をなくしたからって、すぐ新しい物を買ってもらえると思ったら、大まちがいよ。」

母さんは、ア それきり、自転車の話はしなくなった。

(教育出版　ひろがる言葉　小学国語　4年（上）　舟崎（ふなざき）靖子（やすこ）)

上の文章を読んで、答えましょう。

(一) ぼくは、どこで、どうしておいて、自転車をなくしたのでしょう。

どこ（　　　　　）

どうして（　　　　　）

(二) 自転車がなくなったときの様子を、二つ書き出しましょう。

（　　　　　）

（　　　　　）

(三) ア それきりは、いつからですか。

（　　　　　）

やい、とかげ(2)

名前［　　　　］

次の日、学校から帰ると、いつものようにのぶちゃんが遊びに来た。

いつものように自転車に乗ってきた。

いつものように自転車に乗ったまま、ベルを鳴らしてぼくをよんだ。

ぼくは、いつものようにげんかんの戸を開けて出ていった。

「東町公園へ野球に行くよ。早く、早く！」

けれど、ぼくは、のぶちゃんといっしょに行かなかった。行かなかったのではなくて、行けなかった。

自転車の二人乗りは学校で禁止（きん）されていたし、東町公園まで歩いていくには一時間かかった。

「じゃあな。」

のぶちゃんは、行ってしまった。

ぼくは、自転車のベルを鳴らして角を曲がるのぶちゃんを、見送った。

お日様は、ぼくの頭の真上にある。一日は、やっと半分終わったところだ。自転車なしで、あとの半分をどうしよう。

（教育出版　ひろがる言葉　小学国語　4年（上）　舟崎（ふなざき）　靖子（やすこ））

上の文章を読んで、答えましょう。

(一) いつものように、のぶちゃんがしたことを、二つ書きましょう。

（　　　　）

（　　　　）

(二) ぼくが東町公園へ行けなかった理由を、二つ書きましょう。

（　　　　）

（　　　　）

(三) 一日が、やっと半分終わったところだとわかる文を書き出しましょう。

（　　　　）

やい、とかげ(3)

名前［　　　　　　　　］

ぼくの家のとなりの原っぱを、お日様が明るく照らしている。日かげに立っているぼくにはまぶしく見える。

まるで、照明に照らし出された学校のホールのぶたいだ。これから学芸会が始まるみたいだし、もう終わってしまったみたいでもある。

ぼくは原っぱへ入っていった。

ポケットに手を入れると、ろう石が出てきた。

ちぇっ、ろう石なんか買いに行かなければ、ぼくは今ごろ東町公園で野球をしていただろうな。ぼくがいなくて、だれがピッチャーをやっているんだろう。こんなろう石、すててしまえ。

ぼくは、ろう石を原っぱのすみに投げてしまおうと、ピッチャーのポーズをとった。

すると、ぼくはだれかの横目を感じた。

（教育出版　ひろがる言葉　小学国語　4年（上）　舟崎（ふなざき）靖子（やすこ））

上の文章を読んで、答えましょう。

(一)　原っぱは、どこにありますか。

（　　　　）

(二)　「お日様が明るく照らしている」原っぱのことを、何のようだと言ってますか。

（　　　　）

(三)　①　ぼくが、原っぱでピッチャーのポーズをとったのは、何のためですか。

（　　　　）

②　なぜ、ぼくはそのようなことをしようと思ったのですか。

（　　　　）

やい、とかげ(4)

名前［　　　　　　　　］

ぼくを見ていたのは、石の上の一ぴきの
とかげだった。

「やい、自転車をなくしていい気味だぞ。」

とかげの横目はそう言っていた。

ア生意気なとかげをおどろかせてやろうと、
ぼくはとかげのいる石にろう石を投げた。

ナイスピッチングだ。

ろう石は石に当たった。

けれど、イそれだけでは
なかった。石に当たった
ろう石はバウンドして、とかげに当たった。

ウぼくは息をのんだ。

石の上に、とかげのしっぽだけが残った。

残ったしっぽはしばらく動いていたけれど、
やがて動かなくなった。

ぼくはしっぽをぶら下げた。

なんて原っぱは静かなんだろう。世界じゅうの人たちは、みんな自分の自転車に乗って、どこかへ遊びに行ってしまったんだ。

エ世界じゅうは空っぽ。ぼくは空っぽな世界のまん中に、ひとりぼっちで立っている。

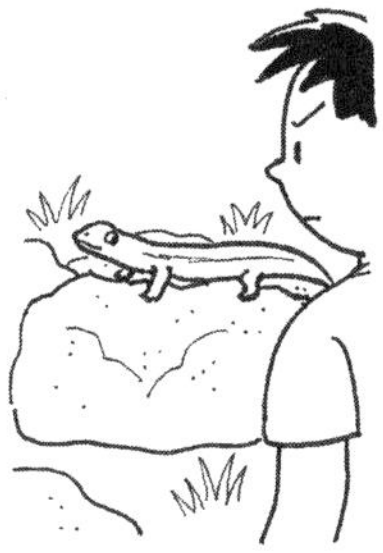

（教育出版　ひろがる言葉　小学国語　4年（上）　舟崎（ふなざき）靖子（やすこ））

上の文章を読んで、答えましょう。

(一) ア生意気なとかげとありますが、なぜ生意気なのでしょう。

(二) イそれとは、どんなことですか。

(三) ウぼくは息をのんだのは、どうしてですか。

(四) なぜぼくは、エ世界じゅうは空っぽ。ぼくは空っぽな世界のまん中に、ひとりぼっちで立っているように思ったのでしょう。

やい、とかげ(5)

名前［　　　　　　　　　　］

さくらの花がいちばんきれいにさいた日、明るい花の下で、ぼくはのぶちゃんと友だちになった。

ア あの日も、ぼくは自転車に乗っていた。

ざりがにをつりに行った日、どろやなぎの葉が風に光る川原で、ぼくはのぶちゃんと待ち合わせをした。

イ あの日も、ぼくは自転車に乗っていた。

まつの実、しいの実、どんぐりの実、いろんな実のふる音の中を、ぼくはのぶちゃんとどこかへ急いでいた。

ウ あの日も、ぼくは自転車に乗っていた。

冬休みに入ったさいしょの日、ぼくはのぶちゃんと学校へ遊びに行った。

ふながねむる、こいがねむる、たにしがねむる池を、ぼくとのぶちゃんはいつまでものぞきこんでいた。

エ あの日も、ぼくは
自転車に乗っていた。

（教育出版　ひろがる言葉　小学国語　4年（上）　舟崎（ふなざき）靖子（やすこ））

上の文章を読んで、答えましょう。

(一) のぶちゃんと友だちになったのは、どんな日ですか。

（　　　　　　　　　　）

(二) ア〜エのあの日に、自転車に乗ってのぶちゃんとしたことを、季節ごとに表にまとめましょう。

	ア	イ	ウ	エ
季節		夏	秋	
したこと				

やい、とかげ(6)

名前［　　　　］

一か月たってから、ぼくの自転車が出てきた。どろまみれになって、町の外れの公園に乗りすててあった。

ア その日から、ぼくは学校から帰ってくると、すぐに自転車に乗って野球をしに行くぼくになった。一度遊びに行ったら夕方まで帰らない、イ 自転車をなくす前のぼくになった。

（教育出版　ひろがる言葉　小学国語　4年（上）　舟崎（ふなさき）靖子（やすこ））

上の文章を読んで、答えましょう。

（一）① なくなったぼくの自転車は、いつ、どこで出てきましたか。

いつ（　　　　）

どこで（　　　　）

② 見つかった自転車は、どんな様子でしたか。

（　　　　）

（二）ア その日からとは、どの日からですか。

（　　　　）

（三）イ 自転車をなくす前のぼくになった。とありますが、どんなぼくになったのでしょうか。二つ書きましょう。

（　　　　）

（　　　　）

やい、とかげ（7）

名前［　　　　］

　一か月も二か月も、あっというまにすぎた。

　その日は、のぶちゃんがなかなかよびに来なかった。

　ぼくは待ちきれなくて、自転車に乗ってとなりの原っぱでのぶちゃんを待った。
　□、ぼくは、だれかの横目を感じた。それは、石の上の一ぴきのとかげだった。

　ぼくは自転車を止めた。

　とかげは、ぼくの方に生えたてのしっぽを投げ出して、ア「見ろよ！」というように、横目でぼくを見ている。

イ「見ろよ！」

　ぼくも自転車のベルを鳴らした。

「おうい。」

　のぶちゃんが、自転車に乗ってやってくるのが見えた。

「おうい、ここだよ。」

　ぼくは、ふり返ると、石の上に、とかげはもういなかった。とかげのいない石がまぶしかった。

　やい、とかげ、せっかく生えたしっぽ、なくすなよ。


（教育出版　ひろがる言葉　小学国語　4年（上）　舟崎（ふなざき）靖子（やすこ））

上の文章を読んで、答えましょう。

（一）□に当てはまる言葉を［　］から選んで書きましょう。

［そして・すると・まるで］

（　　　）

（二）ア「見ろよ！」は、何を「見ろよ」と言っているのでしょうか。

（　　　）

（三）イ「見ろよ！」とぼくも自転車のベルを鳴らしたのは、何のためでしょうか。

（　　　）

・授業の発問事例
・テスト
・宿題　等に使える

長文読解力問題

光村図書 国語4年(上) かがやき ルシール=クリフトン 作 金原瑞人 訳

三つのお願い (1)

名前

こんなことがあるとお願いがかなって、よく言うよね。わたしが知ってるのに、「ア こんなのがあるんだ。一月一日に、自分が生まれた年にできた一セント玉を拾うと、三つのお願いがかなっていうの。まさかと思うかもしれないけど、これは、わたしに起こったほんとの話なんだ。

最初のお願いは、一セント玉を拾ったときに、すぐ使っちゃった。

友だちのビクターといっしょに散歩していたときのこと。二人とも、クリスマスにもらった新しいブーツをはいて、新しいぼうしをかぶって、マフラーをまいていた。わたしは、雪の中にぴかぴか光っている物を見つけた。

㋐「レナ。あれ、なんだろう。」

ビクターがきいた。

㋑「お金みたいよ。」

そう言って拾ってみると、わたしが生まれたのと同じ年にできた一セント玉だった。

㋒「レナ、運がいいぞ。同じ年の一セント玉を拾うなんてさ。ついてるじゃないか。何をお願いするんだ。」

㋓「そうねえ。お願いっていえば、この寒さ、なんとかならないかなあ。」

ほんのじょうだんだったのに、ひょいとお日様が顔を出した。

イ どんぴしゃり。お願いがかなった。

ウ そうなると、これはちょっと考えなきゃ、という気になった。

上の文章を読んで、答えましょう。

(一) ア こんなのとは、どういうことでしょう。(10)

（　　　　）

(二) わたしと友だちの名前を書きましょう。(10×2)

わたし（　　）　友だち（　　）

(三) 二人はどんなかっこうをして、散歩していましたか。(10)

（　　　　）

(四) 雪の中で光っているものは、何でしたか。(10)

（　　　　）

(五) ビクターが言った言葉は、㋐〜㋓のどれですか。(10×2)

（　　）と（　　）

(六) ① イ どんぴしゃり。お願いがかなった。とありますが、どんなお願いだったのですか。(10×2)

（　　　　）

② お願いがかなって、どうなりましたか。

（　　　　）

(七) ウ そうなるとは、どうなることを指していますか。(10)

（　　　　）

光村図書 国語4年(上) かがやき
ルシール＝クリフトン 作
金原瑞人 訳

三つのお願い (2)

名前

家にもどりながら、わたしの頭の中は、ほんとうにお願いがかなうのかなとか、だったら何をお願いしようかなとか、とにかく一セント玉のことでいっぱいだった。

家に着くと、ママがちょうどリビングにいた。

「散歩はどうだった、ノービィ。」

ママがきいた。

わたしは「楽しかったよ。」ビクターは「おじゃましまーす。」と声をかけて、いっしょにおくのキッチンへ行った。

わたしの名前はゼノビア。みんなには、ノービィとよばれている。㋐、ビクターだけは別。わたしのことをレナってよぶ。レナ＝ホーンという女優の名前をとって、レナ。なぜかっていうと、わたしは大きくなったらハリウッドに行って、えいがに出て歌を歌うつもりだから。そのときには、ビクターにもついてきてもらおうと思ってる。親友だからね。

上の文章を読んで、答えましょう。

(一) （　）の中に言葉を入れましょう。(10×3)

家にもどりながら、わたしの頭の中は、

（　　　）とか、

（　　　）とか、

（　　　）のことでいっぱいだった。

(二) （　）の中に、わたしの名前やよび名を書きましょう。(10×3)

わたしの名前は（　　　）で、

みんなには（　　　）、

ビクターから（　　　）と、よばれている。

(三) なぜゼノビアは、ビクターにだけ「レナ」とよばれているのでしょう。(20)

（　　　）

(四) ㋐に当てはまる言葉を、［　］から選んで書きましょう。(10)

（　　　）

［でも　また　すると］

(五) わたしにとってビクターは、どんな友だちですか。(10)

（　　　）

三つのお願い

(3)

名前

キッチンの中は、ほかほかあたたかかった。わたしたちはテーブルに着くと、だれにも聞かれないように、こっそり話し合った。

○「レナ、あと二つお願いがのこってるぞ。」

○「本気で、この一セント玉に何かあると思ってるの。」

○「あったりまえだろ。君が、寒いのがなんとかならないかなあって言ったら、とたんにお日様がとんできたじゃないか。」

○「本気でそう思ってるの。」

○「君は、なんにもしんじないわけ。」

○「わたしはね、あんたみたいに、なんでもかんでも、ころっとしんじたりしないだけよ。」

○「へんだぜ、そんなの。」

○「へんって、だれがへんなのよ。」

○「自分のことに決まってるだろ。へんなぜノビア。」

わたしはいすからとび上がった。

「あんたみたいな人、ここにいてほしくない。帰ってよ。」

ア そのとたん、ビクターもとび上がって、キッチンからとび出したかと思うと、コートをつかんで、表へかけ出した。

イ どんぴしゃり。お願いがかなった。

ウ ああ、全く、いやになっちゃう。わたしはいすにすわり直して、やれやれと首をふった。また、お願いをむだにしちゃった。あと一つしかのこっていない。

（光村図書　国語　4年（上）かがやき　ルシール＝クリフトン　作　金原瑞人（かねはら みずひと）　訳）

上の文章を読んで、答えましょう。

(一) キッチンの中は、どんな様子でしたか。(10)

（　　　　）

(二) テーブルに着くと、二人はどんなふうに話し合いましたか。(10)

（　　　　）

(三) 上の○の中に、レナが言った言葉には「レ」、ビクターが言った言葉には「ビ」と書き入れましょう。(2×9)

(四) いすからとび上がったのは、だれとだれですか。(10×2)

（　　）（　　）

(五) ア そのとたんとは、どんなことがあったときですか。また、そのときのビクターの様子を書きましょう。(10×2)

（　　　　）

ビクターの様子

（　　　　）

(六) イ どんぴしゃり。お願いがかなった。とありますが、どんなお願いでしたか。(10)

（　　　　）

(七) ウ ああ、全く、いやになっちゃう。とありますが、なぜレナは、そんな気持ちになったのでしょう。(12)

（　　　　）

三つのお願い

(4)

名前

ママがキッチンに入ってきて、わたしの方を見た。

「ゼノビア、ビクターと何かあったの。」

ママがわたしを「ゼノビア」と、アかしこまってよぶのは、おこっているときだ。

「別に。いっしょに遊んでただけよ、ママ。」

「それじゃあ、なんで、あんなふうにとび出していったの。」

「知らない。ビクターって、あいうやつなのよ。」

「①おまえ、②あの子に意地悪したんじゃないでしょうね。おまえはときどき、意地悪になることがあるから。」

「意地悪なんかしてないもん。それより、ねえママ、どんな望みでもかなえてあげるって言われたら、ママは何をお願いする。」

ママは、テーブルの前のいすにすわって、塩の入ったびんをいじった。

「それ、どういうこと、ノービィ。」

「だから、お願いを何か一つかなえてもらえるとしたら、何をお願いする。」

ママは、塩のびんをこしょうのびんの横にきちんとならべてから、まじめな顔になった。イなんだか古くさいことを言いだしそうな感じだ。

「いい友だちよ、ノービィ。この世でいちばん大切なものは友だちだもの。そう、いい友だち。」

ママはそう言って、テーブルに出ているものを、またいじり始めた。

ウへえ、意外。ママがそんなことを言うなんて。大人って、ふつうはお金とか、いい車とか、そういうものをほしがるもんだとばかり思ってた。ママは、びっくりするようなことをよく言う。

(光村図書 国語 4年(上) かがやき ルシール=クリフトン 作 金原瑞人 訳)

上の文章を読んで、答えましょう。

(一) ママがわたしを「ゼノビア」とよぶのは、どんなときですか。(10)

(　　　　　　　　)

(二) アかしこまっての使い方で、正しいものに○をつけましょう。(10)

(　) かしこまって笑う。

(　) かしこまってお願いをする。

(　) かしこまってドッチボールをする。

(三) 次の①②は、だれのことでしょうか。(10×2)

① おまえ (　　　　)

② あの子 (　　　　)

(四) ママが「ゼノビア、ビクターと何かあったの。」とたずねたのは、どうしてでしょうか。(15)

(　　　　　　　　)

(五) ゼノビアが、イママがなんだか古くさいことを言いだしそうな感じと思ったのは、どうしてでしょう。(15)

(　　　　　　　　)

(六) ママは、一つだけかなえてもらえるとしたら、何をお願いすると言いましたか。(15)

(　　　　　　　　)

(七) ウへえ、意外。とありますが、ゼノビアは、ママがどう答えると思っていたのでしょうか。(15)

(　　　　　　　　)

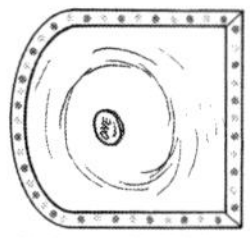

三つのお願い　(5)

名前

わたしは、いすから立ち上がってコートを着ると、表に出て、家の前のかいだんにすわった。そして、ビクターのことを考え、二人で遊んだときのことを考えた。

えいがに行くときも、歌の練習をするときも、ボール遊びをするときも、いつもいっしょだった。二人で、あちこちがきらきら光っている、ダイヤモンドみたいな大きな石を見つけたこともある。二人でいっしょに、学校全体の絵をかいたこともある。ビクターは、すっごくいい友だちだ。わたしのひみつを、ほかの人に話したりしないし。あんな友だちは、なかなかいない。

「いい友だちがいなくなって、さびしいよ。もどってきてくれないかな。」

わたしは、一セント玉をぎゅっとにぎりしめて、小声でそっと言った。ア<u>なんだか悲しくてしょうがなかった。</u>

そうしたら、だれかがこっちを見て、にこにこしながら、すごいいきおいで走ってきた。イ<u>どんぴしゃり。お願いがかなった。</u>

上の文章を読んで、答えましょう。

(一)「わたし」は、家の前のかいだんにすわって、だれのことを考えていましたか。(10)

（　　　　）

(二)二人でいっしょにしたことを、五つ書きましょう。(10×5)

（　　　　）

（　　　　）

（　　　　）

（　　　　）

（　　　　）

(三)ア<u>なんだか悲しくてしょうがなかった。</u>のは、だれでしょうか。また、それはどうしてでしょうか。(10×2)

だれ（　　　　）

どうして（　　　　）

(四)①イ<u>どんぴしゃり。お願いがかなった。</u>とありますが、どんなお願いだったのですか。(10×2)

（　　　　）

②お願いがかなって、どうなりましたか。

（　　　　）

（光村図書　国語　4年(上)かがやき　ルシール=クリフトン　作　金原瑞人　訳）

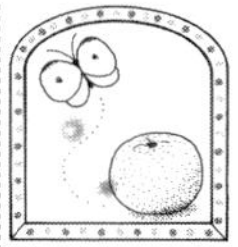

白いぼうし　(1)

名前

①「これは、レモンのにおいですか。」

ほりばたで乗せたお客のしんしが、話しかけました。

②「いいえ、夏みかんですよ。」

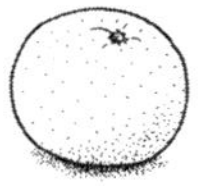

信号が赤なので、ブレーキをかけてから、運転手の松井(まつい)さんは、にこにこして答えました。

今日は、六月の初め。

夏がいきなり始まったような暑い日です。松井さんもお客も、白いワイシャツのそでを、うでまでたくし上げていました。

③「ほう、夏みかんてのは、こんなににおうものですか。」

④「もぎたてなのです。きのう、いなかのおふくろが、速達で送ってくれました。においア わたしにとどけたかったのでしょう。」

⑤「ほう、ほう。」

⑥「イあまりうれしかったので、いちばん大きいのを、この車にのせてきたのですよ。」

信号が青に変わると、たくさんの車がいっせいに走りだしました。その大通りを曲がって、細いうら通りに入った所で、しんしはおりていきました。

※「白いぼうし」の教材は、大阪書籍・学校図書の十七年度版4年生国語教科書にも掲載されています。
（光村図書　国語　4年（上）かがやき　あまん　きみこ）

上の文章を読んで、答えましょう。

(一) ①～⑥は、松井さんとお客の、どちらが言った言葉ですか。（　）に番号を書きましょう。(5×6)

松井さん（　　）

お客（　　）

(二) 夏がいきなり始まったような暑い日なのは、二人のどんな様子でわかりますか。(15)

（　　　　）

(三) お客がレモンのにおいと思ったのは、何のにおいでしたか。(10)

（　　　　）

(四) ア に当てはまる言葉を、[　] から選んで書きましょう。(10)

（　　）

[から　まで　だけ]

(五) イあまりうれしかったとありますが、何がうれしかったのでしょう。(15)

（　　　　）

(六) お客のしんしは、どこで乗って、どこでおりましたか。(10×2)

（　　）で乗って、

（　　）でおりた。

白いぼうし (2)

名前

アクセルをふもうとしたとき、松井（まつい）さんは、はっとしました。

「おや、車道のあんなすぐそばに、小さなぼうしが落ちているぞ。風がもうひとふきすれば、車がひいてしまうわい。」

緑がゆれているやなぎの下に、かわいい白いぼうしが、ちょこんと置いてあります。松井さんは車から出ました。

そして、ぼうしをつまみ上げたとたん、ふわっと何かが飛び出しました。

「あれっ。」

もんしろちょうです。あわててぼうしをふり回しました。そんな松井さんの目の前を、ちょうはひらひら高くまい上がると、なみ木の緑の向こうに見えなくなってしまいました。

「ははあ、わざわざここに置いたんだな。」

ぼうしのうらに、赤いししゅう糸で、小さくぬい取りがしてあります。

「たけやまようちえん
たけの　たけお」

ア小さなぼうしをつかんで、ため息をついている松井さんの横を、太ったおまわりさんが、じろじろ見ながら通りすぎました。

「せっかくのえものがいなくなっていたら、この子は、どんなにがっかりするだろう。」

ちょっとの間、かたをすぼめてつっ立っていた松井さんは、何を思いついたのか、急いで車にもどりました。

運転席から取り出したのは、あの夏みかんです。まるで、あたたかい日の光をそのままそめ付けたような、見事な色でした。すっぱい、いいにおいが、風で辺りに広がりました。

松井さんは、イその夏みかんに白いぼうしをかぶせると、飛ばないように、石でつばをおさえました。

（光村図書　国語　4年（上）かがやき　あまん　きみこ）

上の文章を読んで、答えましょう。

(一) アクセルをふもうとしたとき、松井さんは何に気づきましたか。(10)

（　　　　）

(二) 松井さんは、なぜぼうしをつまみ上げたのでしょうか。(15)

（　　　　）

(三) ① ぼうしの中には、はじめ何が入っていましたか。(10×2)

（　　　　）

② 松井さんは、ぼうしの中に何を入れましたか。

（　　　　）

(四) ア小さなぼうしをつかんで、ため息をついている松井さんと同じような松井さんの様子が表れているところを、文中から書き出しましょう。(10)

（　　　　）

(五) 急いで車にもどった松井さんは、何を取り出しましたか。(10)

（　　　　）

(六) 夏みかんの色を、どのような言葉で表していますか。(10)

（　　　　）

(七) ぼうしがとばないように、どうしましたか。(10)

（　　　　）

(八) イそのは、夏みかんのどんな様子を指していますか。(15)

（　　　　）

白いぼうし

(3)

「お母さんが、虫とりあみをかまえて、あの子がぼうしをそうっと開けたとき――。」と、ハンドルを回しながら、松井さんは思います。

「あの子は、どんなに目を丸くしただろう。」

［　］、ぽかっと口をＯの字に開けている男の子の顔が、見えてきます。（ア）

「おどろいただろうな。まほうのみかんと思うかな。なにしろ、ちょうが化けたんだから――。」

「ふふふっ。」

ひとりでに笑いがこみ上げてきました。でも、次に、

「おや。」（イ）

松井さんはあわてました。バックミラーには、だれもうつっていません。ふり返っても、だれもいません。（ウ）

「おかしいな。」

松井さんは車を止めて、考え考え、まどの外を見ました。

そこは、小さな団地の前の小さな野原でした。（エ）

白いちょうが、二十も三十も、いえ、もっとたくさん飛んでいました。クローバーが青々と広がり、わた毛と黄色の花の交ざったたんぽぽが、点々のもようになってさいています。その上を、おどるように飛んでいるちょうをぼんやり見ているうち、松井さんには、こんな声が聞こえてきました。（オ）

「よかったね。」

「よかったよ。」

「よかったね。」

「よかったよ。」

それは、シャボン玉のはじけるような、小さな小さな声でした。

車の中には、まだかすかに、夏みかんのにおいが残っています。

（光村図書　国語　4年（上）かがやき　あまん　きみこ）

名前

上の文章を読んで、答えましょう。

(一) 男の子の顔が、見えてきます。（ア）とありますが、男の子のどんな顔が見えてくるのでしょうか。(10)

（　　　）

(二) ［　］に入る言葉を、［　］から選んで書きましょう。(10)

でも・なぜなら・すると・そして

（　　　）

(三) ① 「ふふふっ。」と笑ったのは、だれですか。(10×2)

（　　　）

② どうして笑ったのでしょう。

（　　　）

(四) なぜ松井さんは「おや。」（イ）、「おかしいな。」（ウ）と、思ったのでしょうか。二つ書きましょう。(10×2)

（　　　）

（　　　）

(五) そこ（エ）は、何を指していますか。(10)

（　　　）

(六) 点々のもようになってさいていたのは、何でしょうか。(10)

（　　　）

(七) ① こんな声（オ）は、何と言っていましたか。(10×2)

（　　　）

② それは、どのような声でしたか。

（　　　）

一つの花 (1)

名前

「一つだけちょうだい。」

アこれが、ゆみ子のはっきり覚えた最初の言葉でした。

まだ戦争のはげしかったころのことです。

イそのころは、おまんじゅうだの、キャラメルだの、チョコレートだの、そんな物はどこへ行ってもありませんでした。おやつどころではありませんでした。食べる物といえば、お米の代わりに配給される、おいもや豆やかぼちゃしかありませんでした。

毎日、てきの飛行機が飛んできて、ばくだんを落としていきました。

町は、次々に焼かれて、はいになっていきました。

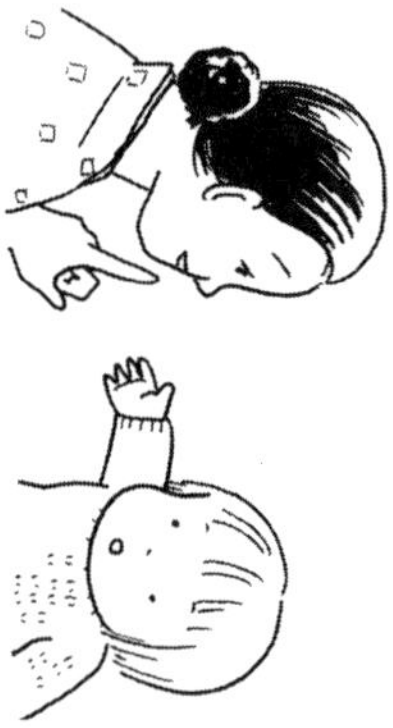

ゆみ子は、いつもおなかをすかしていたのでしょうか。ご飯のときでも、おやつのときでも、もっともっとと言って、いくらでもほしがるのでした。

すると、ゆみ子のお母さんは、

「じゃあね、一つだけよ。」

と言って、自分の分から一つ、ゆみ子に分けてくれるのでした。

「一つだけ――。一つだけ――。」

と、これが、お母さんの口ぐせになってしまいました。ゆみ子は、知らず知らずのうちに、お母さんのこの口ぐせを覚えてしまったのです。

（光村図書　国語４年（下）はばたき　今西祐行）

※「一つの花」の教材は、東京書籍・教育出版・大阪書籍の十七年度版４年生国語教科書にも掲載されています。

上の文章を読んで、答えましょう。

(一) アこれは、何を指していますか。(10)

（　　　　）

(二) イそのころとは、いつのことですか。また、どんな食べ物を食べていましたか。(10×2)

いつ（　　　　）

食べ物（　　　　）

(三) ① 町の様子は、どうなっていきましたか。

（　　　　）

② それは、どうしてですか。(10×2)

（　　　　）

(四) ゆみ子が「もっともっと」と言って、いくらでもほしがるのは、どうしてですか。(10)

（　　　　）

(五) ①「一つだけ――」が口ぐせになったのは、だれですか。

（　　　　）

② それは、どうしてですか。(10×2)

（　　　　）

(六) ① お母さんの口ぐせを覚えてしまったのは、だれですか。

（　　　　）

② それは、どんな口ぐせですか。(10×2)

（　　　　）

一つの花

(2)

名前

（光村図書　国語　4年（下）はばたき　今西祐行）

お父さんが戦争に行く日、ゆみ子は、お母さんにおぶわれて、遠い汽車の駅まで送っていきました。頭には、お母さんの作ってくれた、わた入れの防空頭巾をかぶっていきました。

お母さんのかたにかかっているかばんには、包帯、お薬、配給のきっぷ、そして、大事なお米で作ったおにぎりが入っていました。

ゆみ子は、おにぎりが入っているのをちゃあんと知っていましたので、

「一つだけちょうだい、おじぎり、一つだけちょうだい。」

と言って、駅に着くまでにアみんな食べてしまいました。お母さんは、戦争に行くお父さんに、ゆみ子の泣き顔を見せたくなかったのでしょうか。

駅には、ほかにも戦争に行く人があって、人ごみの中から、ときどきばんざいの声が起こりました。[㋐]、別の方からは、[㋑]勇ましい軍歌が聞こえてきました。

ゆみ子とお母さんのほかに見送りのないお父さんは、プラットホームのはしの方で、ゆみ子をだいて、そんなばんざいや軍歌の声に合わせて、小さくばんざいをしていたり、歌を歌っていたりしていました。[㋒]、戦争になんか行く人ではないかのように。

上の文章を読んで、答えましょう。

(一) お父さんが戦争に行く日、遠い汽車の駅まで送っていった時の、ゆみ子の様子を二つ書きましょう。(15×2)

（　　　　）

（　　　　）

(二) お母さんのかたにかかっているかばんに入っている物を書きましょう。(10)

（　　　　）

(三) アみんな食べてしまいました。というのは、だれが、何を食べたのでしょうか。(10×2)

だれが（　　　　）が　何を（　　　　）を　みんな食べた。

(四) お母さんはなぜ、おにぎりをみんな食べさせたのでしょうか。(15)

（　　　　）

(五) ㋐～㋒の□に、[　]から言葉を選んで書きましょう。(5×3)

㋐（　　　）　㋑（　　　）　㋒（　　　）

しかし・まるで
また・たえず

(六) ゆみ子たちは、駅のどこにいますか。(10)

（　　　　）

一つの花

(3)

　ところが、ア いよいよ汽車が入ってくるというときになって、またゆみ子の「一つだけちょうだい。」が始まったのです。

「みんなおやりよ、母さん。おにぎりを――。」

　お父さんが言いました。

イ「ええ、もう食べちゃったんですの――。ゆみちゃん、いいわねえ。お父ちゃん、兵隊ちゃんになるんだって。ばんざあいって――。」

　お母さんは、そう言ってゆみ子をあやしましたが、ゆみ子は、とうとう泣きだしてしまいました。

「一つだけ。一つだけ。」

と言って。

　お母さんが、ゆみ子を一生けんめいあやしているうちに、お父さんが、ぷいといなくなってしまいました。

　お父さんは、プラットホームのはしっぽの、ごみすて場のような所に、わすれられたようにさいていたコスモスの花を見つけたのです。あわてて帰ってきたお父さんの手には、一輪のコスモスの花がありました。

「ゆみ。さあ、一つだけあげよう。一つだけのお花、大事にするんだよう――。」

　ゆみ子は、お父さんに花をもらうと、キャッキャッと足をばたつかせて喜びました。

　お父さんは、ウ それを見てにっこり笑うと、エ 何も言わずに、汽車に乗って行ってしまいました。ゆみ子のにぎっている、一つの花を見つめながら――。

（光村図書　国語　4年（下）　はばたき　今西祐行）

名前

上の文章を読んで、答えましょう。

（一）ア いよいよと同じ使い方をしているものに、〇をつけましょう。(10)
（　）いよいよ食べよう。

（　）いよいよみんなともお別れです。

（　）風がいよいよはげしくなった。

（二）「みんなおやりよ、母さん。おにぎりを――。」の言い方を、ふつうの言い方に書きかえましょう。(10)

（三）イ はだれの言葉ですか。また、どんな気持ちで言っていますか。(15×2)
だれの言葉（　）
どんな気持ち

（四）お父さんは、なぜ、ぷいといなくなったのでしょう。(15)

（五）お父さんは、どうしてあわてて帰ってきたのでしょう。(15)

（六）ウ それとは、何を表していますか。(10)

（七）エ 何も言わずに、汽車に乗って行ってしまいました。ゆみ子のにぎっている、一つの花を見つめながら――。の二つの文を、一つの文に書きかえましょう。(10)

ごんぎつね (1)

名前

ある秋のことでした。二、三日雨がふり続いたその間、ごんは、外へも出られなくて、あなの中にしゃがんでいました。

雨が上がると、ごんは、ア<u>ほっとして</u>あなからはい出ました。空はからっと晴れていて、もずの声がキンキンひびいていました。

ごんは、村の小川のつつみまで出てきました。辺りのすすきのほには、まだ雨のしずくが光っていました。川は、いつもは水が少ないのですが、三日もの雨で、水がどっとましていました。ただのときは水につかることのない、川べりのすすきやはぎのかぶが、黄色くにごった水に横だおしになって、もまれています。ごんは、川下の方へと、ぬかるみ道を歩いていきました。

ふと見ると、イ<u>川の中に人が</u>いて、何かやっています。ごんは、見つからないように、そうっと草の深い所へ歩きよって、そこからじっとのぞいてみました。

「兵十(ひょうじゅう)だな。」と、ごんは思いました。兵十は、ぼろぼろの黒い着物をまくし上げて、こしのところまで水にひたりながら、魚をとるはりきりというあみをゆすぶっていました。はちまきをした顔の横っちょうに、円いはぎの葉が一まい、大きなほくろみたいにへばり付いていました。

上の文章を読んで、答えましょう。

(一) どうしてごんは、外へも出られなくて、あなの中にしゃがんでいたのですか。 (10)

（　　　）

(二) ア<u>ほっとして</u>と、同じ使われ方をしている文に○を付けましょう。 (10)

（　）テストが終わって、ほっとした。
（　）ほっとして、けがをした。
（　）ほっとしたとたん、急に飛び出した。

(三) 三日もの雨で、水がどっとましていたことがよくわかるところを書き出しましょう。 (10)

（　　　）

(四) イ<u>川の中に人が</u>いたのは、だれだったのですか。 (10)

（　　　）

(五) ① 草の深い所へ歩きよったのは、だれでしょう。 (5×2)

（　　　）

② なぜ草の深い所へ歩きよったのですか。

（　　　）

(六) 兵十の様子を（　）に書き入れましょう。 (10×3)

（　　　）（　　　）まくし上げて、はちまきをした顔の横っちょうに（　　　）を（　　　）、（　　　）みたいにへばり付いていた。

(七) 上の文で、ごんのいた場所を、順に（　）に書きましょう。 (5×4)

あなの外 →（　　）→（　　）→（　　）

※「ごんぎつね」の教材は、東京書籍・大阪書籍・教育出版・学校図書の十七年度版4年生国語教科書にも掲載されています。

光村図書 国語 4年（下）はばたき 新美南吉(にいみなんきち)

ごんぎつね (2)

名前

兵十（ひょうじゅう）がいなくなると、ごんは、ぴょいと草の中から飛び出して、びくのそばへかけつけました。ちょいと、いたずらがしたくなったのです。ごんは、びくの中の魚をつかみ出しては、はりきりあみのかかっている所より下手の川の中を目がけて、ぽんぽん投げこみました。どの魚も、トボンと音を立てながら、にごった水の中へもぐりこみました。

いちばんしまいに、太いうなぎをつかみにかかりましたが、なにしろぬるぬるとすべりぬけるので、手ではつかめません。ごんは、じれったくなって、頭をびくの中につっこんで、うなぎの頭を口にくわえました。うなぎは、キュッといって、ごんの首へまき付きました。そのとたんに兵十が、向こうから、

「うわあ、ぬすっとぎつねめ。」

とどなりたてました。ごんは、びっくりして飛び上がりました。うなぎをふりすててにげようとしましたが、うなぎは、ごんの首にまき付いたままはなれません。ごんは、そのまま横っ飛びに飛び出して、一生けんめいににげていきました。

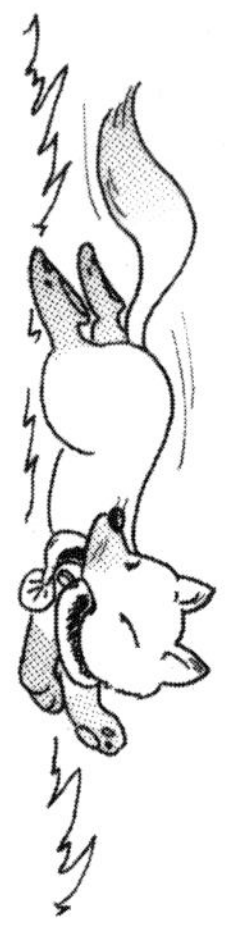

ほらあなの近くのはんの木の下でふり返ってみましたが、兵十は追っかけては来ませんでした。

ごんはアほっとして、うなぎの頭をかみくだき、やっと外して、あなの外の草の葉の上にのせておきました。

(光村図書 国語 4年(下) はばたき 新美南吉（にいみなんきち）)

上の文章を読んで、答えましょう。

(一) 草の中から飛び出したごんは、何がしたくなったのですか。 (10)

(二) (一)でやったことを、具体的に書きましょう。 (15)

(三) ①「うわあ、ぬすっとぎつねめ。」と言ったのはだれでしょう。

② なぜ「うわあ、ぬすっとぎつねめ。」と言ったのですか。 (15×2)

(四) 一生けんめいににげていくごんの様子がわかるところを、書き出しましょう。 (10)

(五) ごんは、どこでふり返りましたか。 (10)

(六) アほっとしてとありますが、それはどうしてでしょう。 (10)

(七) ほっとしたごんは、その後どうしたのでしょう。 (15)

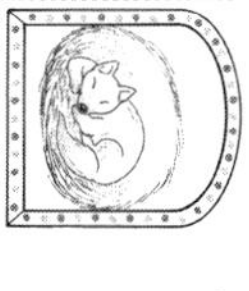

ごんぎつね

(3)

名前

兵十が、赤いいどの所で麦をといでいました。

兵十は、今までおっかあと二人きりで、まずしいくらしをしていたもので、おっかあが死んでしまっては、もうひとりぼっちでした。

「おれと同じ、ひとりぼっちの兵十か。」こちらの物置の後ろから見ていたごんは、ア<u>そう</u>思いました。

ごんは、物置のそばをはなれて、向こうへ行きかけますと、どこかで、いわしを売る声がします。

㋐「いわしの安売りだあい。生きのいい、いわしだあい。」

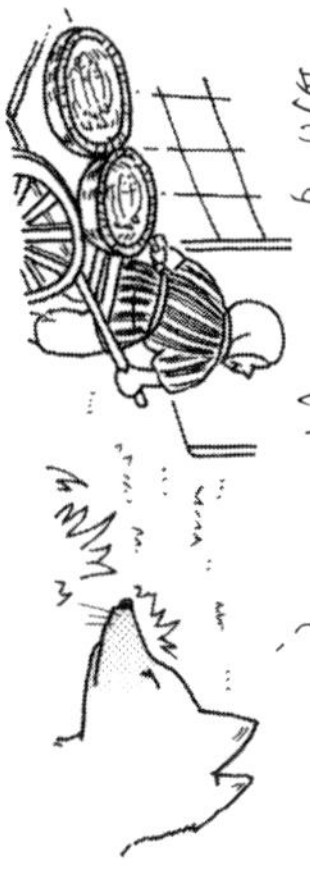

ごんは、そのいせいのいい声のする方へ走っていきました。と、弥助のおかみさんが、うら戸口から、

㋑「いわしをおくれ。」

と言いました。いわし売りは、いわしのかごを積んだ車を道ばたに置いて、ぴかぴか光るいわしを両手でつかんで、弥助のうちの中へ持って入りました。ごんは、そのすき間に、かごの中から五、六ぴきのいわしをつかみ出して、もと来た方へかけ出しました。そして、兵十のうちのうら口から、うちの中へいわしを投げこんで、あなへ向かってかけもどりました。とちゅうの坂の上でふり返ってみますと、兵十がまだ、いどの所で麦をといでいるのが小さく見えました。

ごんは、うなぎのつぐないに、まず一つ、イ<u>いいことをした</u>と思いました。

(光村図書 国語 4年(下) はばたき 新美南吉)

上の文章を読んで、答えましょう。

(一) 兵十は、いどの所で何をしていましたか。(10)

(　　　　　　　　)

(二) なぜごんは「おれと同じ、ひとりぼっちの兵十か。」と、思ったのでしょう。(10)

(　　　　　　　　)

(三) ごんは、兵十をどこから見ていたのでしょう。(10)

(　　　　　　　　)

(四) ア<u>そう</u>は、何を指していますか。(10)

(　　　　　　　　)

(五) ㋐・㋑は、だれの言った言葉ですか。(10×2)

㋐(　　　　)　㋑(　　　　)

(六) 弥助のうちへ入ったのはだれですか。(10)

(　　　　　　　　)

(七) ごんが兵十のうちのうら口から、うちの中へいわしを投げこんだあと、なぜ、あなへ向かってかけもどったのですか。(15)

(　　　　　　　　)

(八) イ<u>いいこと</u>とは、どんなことですか。(15)

(　　　　　　　　)

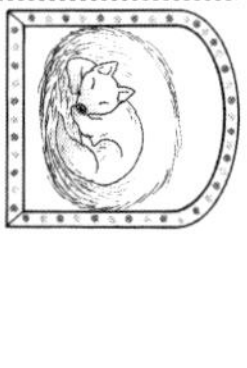

ごんぎつね (4)

(光村図書 国語 4年(下) はばたき 新美(にいみ)南吉(なんきち))

名前

その明くる日も、ごんは、くりを持って、兵十(ひょうじゅう)のうちへ出かけました。兵十は、物置でなわをなっていました。それで、ごんは、うちのうら口から、こっそり中へ入りました。

そのとき兵十は、ふと顔を上げました。と、アきつねがうちの中へ入ったではありませんか。こないだ、うなぎをぬすみやがったあのごんぎつねめが、またいたずらをしに来たな。

イ「ようし。」

兵十は立ち上がって、なやにかけてある火なわじゅうを取って、火薬をつめました。

そして、足音をしのばせて近よって、今、戸口を出ようとするごんを、ドンとうちました。

ごんは、ばたりとたおれました。

兵十はかけよってきました。うちの中を見ると、土間にくりが固めて置いてあるのが、目につきました。

ウ「おや。」

と、兵十はびっくりして、エごんに目を落としました。

「ごん、おまい(おまえ)だったのか。いつも、くりをくれたのは。」

ごんは、ぐったりと目をつぶったまま、うなずきました。

オ兵十は、火なわじゅうをばたりと取り落としました。青いけむりが、まだつつ口から細く出ていました。

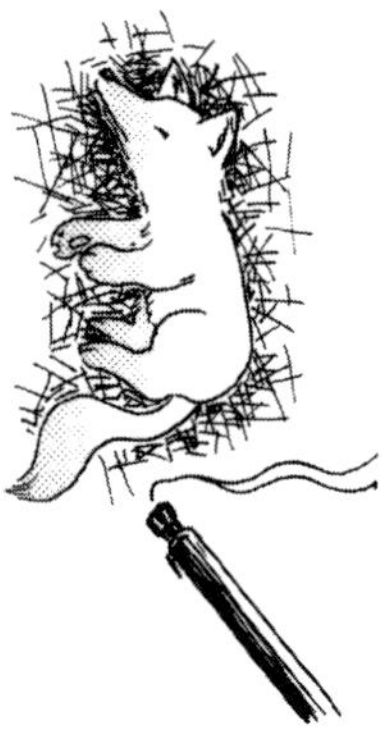

上の文章を読んで、答えましょう。

(一) ごんは、うら口からこっそり入って、何をしようと思ったのですか。 (15)

(二) アきつねのことを、兵十はどう思ったのでしょうか。 (15)

(三) イ「ようし。」で、兵十のどんな気持ちがわかりますか。 (20)

(四) 兵十は、なぜウ「おや。」とびっくりしたのですか。 (15)

(五) エごんに目を落としましたとありますが、どういう意味ですか。 (15)

(六) オ兵十は、火なわじゅうをばたりと取り落としましたとありますが、兵十の気持ちを書きましょう。 (20)

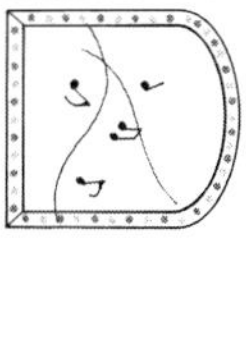

こわれた千の楽器（1）

名前

ある大きな町のかたすみに、楽器倉庫がありました。そこ（ア）には、こわれて使えなくなった楽器たちが、くもの巣をかぶって、ねむっていました。

あるとき、月が倉庫の高まどから中をのぞきました。

㋐「おやおや、ここはこわれた楽器の倉庫だな。」

その声で、今までねむっていた楽器たちが目をさましました。

㋑「いいえ、わたしたちは、こわれてなんかいません。働きつかれて、ちょっと休んでいるんです。」

チェロが、まぶしそうに月をながめて言いました。そして、あわてて、ひびわれたせなかをかくしました。

㋒「いやいや、これはどうも失礼。」

月は、きまり悪そうに、まどからはなれました。町は、月の光につつまれて、銀色にかすんでいます。

月が行ってしまうと、チェロは、しょんぼりとして言いました。

㋓「わたしは、うそを言ってしまった。こわれているのに、こわれていないなんて。」

すると、すぐ横のハープが、半分しかないげんをふるわせて言いました。

㋔「自分がこわれた楽器だなんて、だれが思いたいものですか。わたしだって、夢の中では、いつもすてきなえんそうをしているわ。」

（東京書籍 新編 新しい国語 4年（上） 野呂昶）

上の文章を読んで、答えましょう。

(一) 楽器倉庫は、どこにありましたか。 (15)

（　　　　）

(二) そこ（ア）とは、どこのことですか。 (10)

（　　　　）

(三) ねむっていた楽器たちが、くもの巣をかぶっていたことから、どんなことがわかりますか。 (10)

（　　　　）

(四) ㋐～㋔は、だれが言った言葉ですか。 (6×5)

㋐（　　）
㋑（　　）
㋒（　　）
㋓（　　）
㋔（　　）

(五) どうしてチェロは、しょんぼりとして言ったのでしょうか。 (15)

（　　　　）

(六) 半分しかないげんをふるわせて言ったハープの気持ちを二つ書きましょう。 (10×2)

（　　　　）

（　　　　）

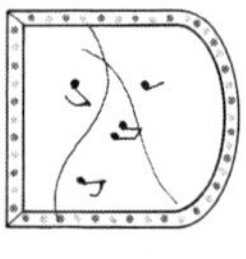

こわれた千の楽器 (2)

㋐「ああ、もう一度えんそうがしたいなあ。」
ホルンが、すみの方から言いました。
㋑「えんそうがしたい。」
トランペットも横から言いました。
㋒「でも、できないなあ。アこんなにこわれてしまっていて、できるはずがないよ。」
やぶれたたいこが言いました。
㋓「いや、できるかもしれない。いやいや、きっとできる。たとえば、こわれた十の楽器で、一つの楽器になろう。十がだめなら十五で、十五がだめなら二十で、一つの楽器になるんだ。」

ビオラが言いました。

㋔「それは名案だわ。」

ピッコロが言いました。

㋕「それならぼくにもできるかもしれない。」

もっきんがはずんだ声で言いました。

「やろう。」

「やろう。」

バイオリンやコントラバス、オーボエ、フルートなども、立ち上がって言いました。イ楽器たちは、それぞれ集まって練習を始めました。

Ⓘ

「もっとやさしい音を！」

「レとソは鳴ったぞ。」

「げんをもうちょっとしめて……。うん、いい音だ。」

「ぼくはミの音をひく。君はファの音を出してくれないか。」

毎日毎日練習が続けられました。そして、やっと音が出ると、

「できた。」

「できた。」

おどり上がって喜びました。

（東京書籍 新編 新しい国語 4年（上） 野呂昶）

上の文章を読んで、答えましょう。

㈠ ㋐〜㋕は、だれが言った言葉ですか。(6×6)
㋐（　　）㋒（　　）㋔（　　）
㋑（　　）㋓（　　）㋕（　　）

㈡ アこんなにこわれてしまっていて、とありますが、だいこはどうなっているのですか。(10)
（　　）

㈢ もっきんのはずんだ声から、どんな気持ちがわかりますか。(10)
（　　）

㈣ 「やろう。」「やろう。」とは、何をやろうと言っているのですか。(10)
（　　）

㈤ イ楽器たちとは、どんな楽器ですか。四種類以上書きましょう。(10)
（　　）

㈥ Ⓘの言葉から、どんな練習の様子がうかびますか。(12)
（　　）

㈦ 楽器たちは、なぜおどり上がって喜んだのでしょう。(12)
（　　）

名前

こわれた千の楽器 (3)

名前

ある夜のこと、月は、楽器倉庫の上を通りかかりました。㋐、どこからか音楽が流れてきました。

「なんときれいな音。だれがえんそうしているんだろう。」

月は、音のする方へ近づいていきました。

㋑、前にのぞいたことのある楽器倉庫からでした。アそこでは、千の楽器がいきいきと、えんそうに夢中でした。こわれた楽器は、一つもありません。一つ一つがみんなりっぱな楽器です。おたがいに足りないところをおぎない合って、音楽をつくっているのです。

月は、音楽におし上げられるように、空高く上っていきました。

「ああ、いいなあ。」

月は、うっとりと聞きほれました。㋒、ときどき思い出しては、イ光の糸を大空いっぱいにふき上げました。

上の文章を読んで、答えましょう。

(一) アそこは、何を指しますか。 (15)

(　　　　)

(二) 月が聞いた音楽は、だれがえんそうしていたのでしょう。 (15)

(　　　　)

(三) 千の楽器のことを表す文を、三つ書きましょう。 (10×3)

(　　　　)

(　　　　)

(　　　　)

(四) ㋐〜㋒の□に入る言葉を、□から選んで書きましょう。 (10×3)

㋐(　　) ㋑(　　) ㋒(　　)

それは　そして　すると　これは　でも

(五) イ光の糸を大空いっぱいにふき上げました。から、どんな様子がうかがえますか。当てはまる文に○をしましょう。 (10)

(　) 光のたばが、だんだん糸のように細くなっていく様子。

(　) 空のはしからはしへ、一本の光の糸をたらした様子。

(　) 月の光が何本もの光の糸になって夜空を明るく照らした様子。

夏のわすれもの (1)

名前

暑い暑い日だった。まどの風りんはチリンとも鳴らない。ああ、川に行きたい！　今ごろ、いっちゃんたちは川で……。そう思ったら、もうがまんできなくなった。ぼくはえんぴつを置いて、ドリルをとじた。そうっと、えんがわから庭を見た。おじいちゃんの横で、草取りを手伝っていたかずえがふり向いた。

「お兄ちゃん、また川へいくの？」

ほっぺをふくらませた顔が、お母さんにそっくりだ。

「うるさいなあ。」

かずえをにらみ返して、ぼくはビーチサンダルをはいた。

「まさるも草取りを……手伝ってくれんか。」

おじいちゃんが、にこにこしながら言った。

「友達が待ってるから……。あした、手伝う。」

ぼくはアうき輪をおじいちゃんに見せて、かけだした。

川に近づくにつれて、イにぎやかな声が聞こえてきた。ぼくだけが仲間外れにされてるようで、気持ちがあせった。飛ぶように坂道をかけ下りた。

「ふんすい岩」には、もういっちゃんたちが来ていた。

川にせり出して、三つの岩がよりそってならんでいる。真ん中のウひときわ大きい岩のことを、ぼくら、この町の子どもたちはふんすい岩とよんでいた。昔の子どもたちが、おもしろがっておしっこをしていたので、そうよばれるようになったのかもしれない。もちろん、今はだれもそんな所でおしっこなんかしない。

㋐「おうい、まさるう。」

いっちゃんが、ぼくにかた手をあげて飛んだ。空中であぐらをかいて、両手を合わせた。

㋑「あ、『ナンマイダー飛び』だ。」

飛びちったしぶきがきらきらと光った。

（東京書籍　新編　新しい国語　四年（上）　福田岩緒）

上の文章を読んで、答えましょう。

(一) 暑い暑い日だったことがわかる文を、文中から書き出しましょう。(10)

(二) おじいちゃんとかずえは、何をしていますか。(10)

(三) アうき輪をおじいちゃんに見せて、とありますが、ぼくはおじいちゃんに、どんなことを知らせたかったのでしょう。(20)

(四) ① イにぎやかな声を聞いたぼくは、どんな気持ちになりましたか。(10)

② それから、ぼくは、どうしましたか。(10)

(五) ウひときわ大きい岩は、何の真ん中にありますか。(10)

(六) ㋐・㋑は、だれの言葉ですか。(10×2)

㋐（　　　）

㋑（　　　）

(七) 『ナンマイダー飛び』とは、どんな飛び方でしょうか。(10)

夏のわすれもの (2)

名前

仲間の中で、一番の飛びこみ名人はいっちゃんだった。いっちゃんの『ムササビ飛び』は、だれにもまねができない。両手と両足をめいっぱい広げて、そのまま水面を切るように飛びこむのだ。

ぼくも友達も、一度はちょうせんしてみたけれど、だれ一人成功しなかった。

「いっちゃん、ムササビやってよ。」

ゆうじが、いっちゃんにリクエストした。

「やるのお……。」

照れながらいっちゃんが頭をかいた。アうれしくてたまらない……って顔だ。

みんなの目がいっちゃんに集まったとき、遠くで救急車のサイレンの音が鳴っていた。

何度か足ぶみした後、いっちゃんの体がふわっとちゅうにういた。ふんすい岩よりも高い所で、両手と両足がすうっと開いた。イいっちゃんがムササビに変身したしゅん間だった。まるで、スローモーションを見ているようにみごとだった。ムササビは、一直線に秋川の流れにすいこまれていった。

いろんな飛びこみで楽しんだ後、『人間ダーツ』が始まった。川上から流したうき輪に足から飛びこんで、命中率をきそうゲームだ。スリル満点の遊びだ。たちまちぼくたちは、『人間ダーツ』に夢中になった。

うき輪を三回くぐりぬけたときだった。となりの家のまさし兄ちゃんが、こわい顔をして走ってきた。

「まさる！　じいちゃんがたいへんだ。」

ウにぎやかだったふんすい岩から音が消えた。

（東京書籍　新編　新しい国語　4年(上)　福田岩緒）

上の文章を読んで、答えましょう。

(一) 一番の飛びこみ名人はだれですか。 (10)

（　　　　）

(二) 『ムササビ飛び』とは、どんな飛び方ですか。 (10)

（　　　　）

(三) アうれしくてたまらないのは、だれの顔ですか。また、どうしてうれしいのでしょうか。 (10×2)

だれ（　　　　）

どうして（　　　　）

(四) 救急車のサイレンの音が鳴ったのは、いつでしたか。 (10)

（　　　　）

(五) ① イいっちゃんがムササビに変身したのは、どこですか。 (10)

（　　　　）

② そのときのいっちゃんは、どんな様子でしたか。 (10)

（　　　　）

(六) 『人間ダーツ』とは、どんな遊びですか。 (10)

（　　　　）

(七) ウにぎやかだったふんすい岩から音が消えた。とはどういうことですか。わかりやすく説明しましょう。 (20)

（　　　　）

夏のわすれもの

(3)

夏休みも残り少なくなったのに、ぼくは相かわらず、ぶんすい遊びを続けていた。とうとうお母さんがばく発した。

「まさる！ 宿題がまだ残ってるんでしょ！ 川へ行くのもいいかげんにしなさい！」

ぶくらませていたうき輪を、ぼくからうばい取って投げすてた。

（じいちゃんだったら、何も言わないのに。）

ぼくは、目でお母さんに言い返した。宿題のドリルを開いても、まるでやる気が起こらない。セミまでが、川へ「コーイ、コイコイコイ……。」と、鳴いていた。セミの声に合わせて、えん筆でちゃぶ台をたたいていた。

「無理せんでもいい。川へ行けばいい……。」

おばあちゃんがぼつりと言った。

「だって、お母さんが……。」

「いい、いい。おばあちゃんが言っといてやる。」

「ほんとう？ ありがとう、ばあちゃん。」

㋐「ほれ、……これかぶっていけ。」

おばあちゃんが、麦わらぼうしをぼくの前に置いた。

㋑「これ、じいちゃんの？」

㋒「じいちゃんのわすれものだよ……。」

おばあちゃんの顔が、泣き笑いの顔になった。

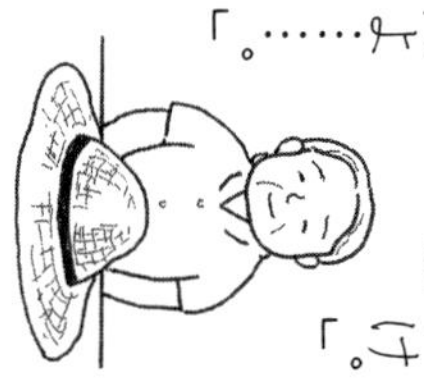

ぼくはうき輪と麦わらぼうしをかかえて、部屋を飛び出した。

麦わらぼうしをかぶろうとしたぼくの目に、とつぜん黄金の光が飛びこんできた。ひまわり畑だった。ぼくは思わず立ち止まった。そこにひまわり畑があるのは知っていた。だけど、今日はそのひまわり畑が、いつもとちがって見えた。ひまわりは、おじいちゃんの大好きだった花だ。庭にひまわりを植えながら、

㋓「まさる、ひまわりはなあ、小さな太陽だ。太陽と同じ明るさをくれる花だよ……。まさるも、ひまわりのように　なればいいなあ……。」

そう言っていた、おじいちゃんの言葉を思い出した。

（東京書籍 新編 新しい国語 4年（上） 福田 岩緒）

名前

上の文章を読んで、答えましょう。

(一) ぶんすい遊びをしているのは、だれですか。 (10)

（　　　　）

(二) とうとうばく発したお母さんが言った言葉と、したことを書きましょう。 (15×2)

言った言葉（　　　　）

したこと（　　　　）

(三) えん筆でちゃぶ台をたたいていたのは、だれですか。 (10)

（　　　　）

(四) ㋐〜㋓は、だれが言った言葉ですか。 (5×4)

㋐（　　）　㋑（　　）　㋒（　　）　㋓（　　）

(五) 黄金の光とは、何のことですか。 (15)

（　　　　）

(六) ひまわり畑が、いつもとちがって見えたのは、どうしてですか。 (15)

（　　　　）

世界一美しいぼくの村 (1)

名前

アジアの真ん中にアフガニスタンという国があります。めったに雨がふらないので、かわいた土とすなばかりの国のように思われています。でも、万年雪をかぶった高い山が連なり、森や見わたすかぎりの大草原もあって、春になれば花がさきみだれ、夏になれば、果物がたわわに実る美しい自然がいっぱいの国です。

小さな男の子、ヤモの住むパグマンの村でも、毎年、村人たちは家族そろって、あんずや、すももや、さくらんぼをもぎ取ります。とり入れは一年じゅうでいちばん楽しいときです。

「あんず、なったか。すもも、なったか。真っ赤な頭のさくらんぼ。取ったか。食べたか。食べずに死んだか……。」

ヤモも、兄さんのハルーンと競争でかごいっぱいのすももやさくらんぼを取ります。村じゅうがあまいかおりに包まれます。

でも、今年の夏、兄さんはいません。兵隊になって、戦いに行ったのです。アフガニスタンでは、もう何年も、民族どうしの戦争が続いています。戦争は国じゅうに広がり、わか者は次々と戦いに出かけていきました。

(東京書籍 新編 新しい国語 4年(下) 小林豊)

上の文章を読んで、答えましょう。

(一) アフガニスタンという国は、どこにありますか。(15)

(　　　　　　　　)

(二) ① アフガニスタンという国は、どんな国だと思われていますか。(10)

(　　　　　　　　)

② アフガニスタンは、美しい自然がいっぱいの国です。春と夏の自然の様子を書きましょう。(10×2)

春…(　　　　　　　　)

夏…(　　　　　　　　)

(三) ヤモが住んでいる村の名前を書きましょう。(10)

(　　　　　　　　)

(四) 村人たちが一年でいちばん楽しいのは、どんなときでしたか。(15)

(　　　　　　　　)

(五) ヤモは、兄さんと何の競争をしていたのですか。(15)

(　　　　　　　　)

(六) どうして今年の夏、兄さんはいないのでしょう。(15)

(　　　　　　　　)

世界一美しいぼくの村 (2)

名前

あまいすももと真っ赤なさくらんぼが、ろばのポンパーのせなかで重そうにゆれています。今日、ヤモは初めてポンパーと、町へ果物を売りに行くことになりました。兄さんの代わりに、父さんの手伝いをするのです。

街道（かいどう）は日がのぼって、急に暑くなってきました。町へ向かうバスやトラックが、ヤモたちを追いこしていきます。

町に着きました。羊の市も立って、にぎやかな声があっちからもこっちからも聞こえてきます。戦争なんかどこにもないみたいです。

いり豆売りのおじさんが大声をはり上げています。シシカバブ（焼き肉）やパンの焼けるにおい。町のにぎわいに、ヤモはむねがどきどきします。

人の行き交う大きな広場で、いよいよ店開きです。

「父さんはこの広場ですももを売るから、ヤモは、町の中を回ってさくらんぼを売ってごらん。」

「ぼく、一人で？」

「ポンパーがついているさ。ポンパーは、町じゅう知らない所はないんだから。」

しかたなくヤモは、ポンパーに引っぱられるようにして屋根付きバザール*に行きました。

*バザール＝市場のこと。

（東京書籍 新編 新しい国語 4年（下） 小林 豊）

上の文章を読んで、答えましょう。

（一）① ろばのポンパーのせなかで重そうにゆれているのは、何ですか。（10×2）

（　　　　）

② ①は、何のためにろばのせなかに乗せてあるのですか。

（　　　　）

（二） 今日、町へ行ったのは、だれとだれですか。（10×2）

（　　　）と（　　　）

（三） 町に着いて、ヤモが目・耳・鼻で感じたものを書きましょう。（10×3）

目…（　　　）

耳…（　　　）

鼻…（　　　）

（四） すももとさくらんぼは、だれがどこで売りますか。（5×4）

	すもも	さくらんぼ
だれが		
どこで		

（五） 屋根付きバザールに行ったときの、ヤモの様子を書きましょう。（10）

（　　　　）

世界一美しいぼくの村 (3)

名前

ア色とりどりの小さな店が、所せましとならんでいます。買い物をする人、お茶を飲む人。

（こんな所で売れるかな？）

ヤモは、心配になりました。勇気を出してよんでみました。

「さくらんぼ！　パグマンのさくらんぼ！」

でも、だれもふり向いてくれません。ヤモは、がっかりして、道ばたにすわりこみました。すると、小さな女の子がやってきて、

「パグマンのさくらんぼ、ちょうだい！」

と言いました。ヤモはうれしくなって、うんとおまけをしてやりました。

「ぼうや、わたしにもおくれ。」

女の子の後ろから、足のない人が言いました。

「昔、パグマンの近くで果物を作ってたんだ。なつかしいな。」

ヤモは、びっくりしてたずねました。

「おじさんは、戦争に行ってたの？」

「ああ、そうだよ。おかげで足をなくしてしまってね。」

イヤモは、どきっとしました。ハルーン兄さんの顔が思いうかびました。おじさんは、さくらんぼを口に入れると、大きな声で言いました。

「ううむ、あまくて、ちょっとすっぱくって、やっぱりおいしいなあ！　パグマンのさくらんぼは世界一だ。」

女の子とおじさんのおかげで、ヤモのさくらんぼは、飛ぶように売れました。

（東京書籍　新編　新しい国語　4年（下）　小林豊）

上の文章を読んで、答えましょう。

(一) ア色とりどりの小さな店が、所せましとならんでいます。買い物をする人、お茶を飲む人。から、バザール（市場）のどんなことがわかりますか。 (15)

(　　　　　)

(二) ヤモは、何が心配になったのですか。 (15)

(　　　　　)

(三) ① ヤモのがっかりしている様子がわかるところを書きましょう。 (10×2)

(　　　　　)

② どうしてがっかりしたのでしょうか。

(　　　　　)

(四) さくらんぼをさいしょに買ってくれたのはだれですか。 (15)

(　　　　　)

(五) ① 「ぼうや、わたしにもおくれ。」と言った人は、どんな人ですか。 (10×2)

(　　　　　)

② その人はなぜ「なつかしいな。」と言ったのでしょう。

(　　　　　)

(六) イヤモは、どきっとしました。とありますが、どうしてどきっとしたのですか。 (15)

(　　　　　)

世界一美しいぼくの村 (4)

名前

ヤモは、まだ半分以上も売れ残ったすももの前にいる父さんの所へ行きました。

㋐「父さん！　みんな売れちゃった！」

㋑「そうか！　それじゃ、ひと休みして、ごはんを食べに行こうか。」

父さんは、となりの①おじさんに店番をたのみました。おいしそうなにおいのするチャイハナ（食堂）で、ヤモは、父さんとおそい昼ごはんを食べながら、バザールであったことを話しました。

㋒「戦争で足をなくした②おじさんも買ってくれたんだよ。パグマンのさくらんぼは、世界一だって。父さんと食べようと思って取っといたんだ。」

ヤモは、ひとにぎりのさくらんぼを取り出しました。

㋓「よく売れたようですな。」

となりで二人の話を聞いていたおじさんが、声をかけてきました。

㋔「いやあ、このヤモのおかげですよ。何しろ、上のむすこが戦争に行ってましてね。」

㋕「それは、心配ですな。南の方の戦いは、かなりひどいというし。」

㋖「来年の春には帰ると言ってたんですがね。」

ヤモはお茶を飲みながら、父さんたちの話を聞いていました。ハルーン兄さんならだいじょうぶ、きっと春には元気に帰ってくると、ヤモは信じています。でも、何だかむねがいっぱいになってきました。

そんなヤモを見て、父さんが言いました。

㋗「後でびっくりすることがあるよ。」

㋘「え？　何、何。教えて。」

㋙「さあ、その前にもうひと仕事。残りのすももを売ってしまわなくちゃ。」

ヤモは、最後に残ったさくらんぼを大切に食べると、③おじさんにさよならを言って、チャイハナを出ました。

（東京書籍　新編　新しい国語　4年（下）　小林（こばやし）豊（ゆたか））

上の文章を読んで、答えましょう。

(一) ア「父さん！　みんな売れちゃった！」とありますが、何が売れたのですか。(10)

（　　　　）

(二) チャイハナへ、何をしに行ったのですか。(10)

（　　　　）

(三) ㋐〜㋙は左の三人のうち、だれの言葉ですか。（　）に記号を書きましょう。(3×10)

ヤモ（　　　　）

お父さん（　　　　）

おじさん（　　　　）

(四)

① イヤモは、何だかむねがいっぱいになってきました。とありますが、そうなったのでしょう。㋐〜㋙のどの言葉を聞いて、そうなったのでしょう。記号を書きましょう。(10)

（　　　　）

② その時のヤモの気持ちを、左から選んで○をしましょう。(10)

（　）楽しくて、うれしい気持ち

（　）心配で、不安な気持ち

（　）とてもびっくりしている

(五) ①〜③のおじさんは、それぞれ、どこで会ったおじさんですか。合うものを線で結びましょう。(10×3)

① •　　• チャイハナであったおじさん

② •　　• 父さんの店のとなりのおじさん

③ •　　• バザールでヤモからさくらんぼを買ってくれたおじさん

世界一美しいぼくの村 (5)

名前

広場の*モスクから、おいのりの声が流れてきます。ヤモは、すももを売りながら、ずっと父さんの言ったことを考えていました。

ようやく、すももも全部売れました。

㋐「さて、それじゃあ、ᴬびっくりする所に行くとするか。」

父さんは、まっすぐ広場を横切っていきます。

そこは羊の市場でした。父さんは、もうけたお金を全部使って、真っ白な子羊を一頭買いました。ヤモのうちの初めての羊。こんなきれいな羊は、村のだれも持っていません。

㋑「さあポンパー、家へ帰ろう。ᴵ羊を見たら、きっとみんなおどろくよ。」

ヤモは、大喜びで村へもどってきました。

たった一日いなかっただけなのに、とてもなつかしいにおいがします。

㋒「パグマンはいいな。世界一美しいぼくの村。」

ヤモは、そっとつぶやきました。

㋓「ハルーン兄さん、早く帰っておいでよ。ᵁうちの家族がふえたんだよ。」

ヤモは、父さんにたのんで、白い子羊に「バハール（春）」という名前を付けようと思いました。

でも、春はまだ先です。

その年の冬、村は戦争ではかいされ、今はもうありません。

*モスク　イスラム教のお寺

（東京書籍　新編　新しい国語　4年（下）　小林豊）

上の文章を読んで、答えましょう。

(一) おいのりの声が流れてくるのは、どこからですか。(10)

（　　　　）

(二) ᴬびっくりする所とは、どこだったのですか。(10)

（　　　　）

(三) もうけたお金を全部使って、買ったものは何でしたか。(10)

（　　　　）

(四) なぜᴵ羊を見たら、きっとみんなおどろくのでしょう。(15)

（　　　　）

(五) パグマンのことを、ヤモはどんな村だと言っていますか。(15)

（　　　　）

(六) ᵁうちの家族がふえたんだよ。とありますが、どういうことですか。(15)

（　　　　）

(七) ㋐～㋓の中で、ヤモのねがいが表れている言葉はどれですか。記号を書きましょう。(10)

（　　　　）

(八) 世界一美しいぼくの村は、その後どうなりましたか。(15)

（　　　　）

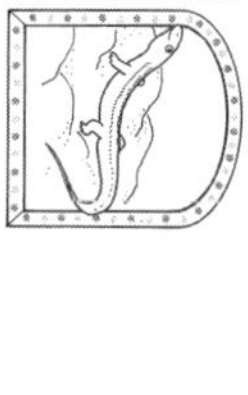

やい、とかげ (1)

名前

ぼくは自転車をなくした。だれのせいでもない。ぼくが悪い。

自転車のかぎをかけないで、文ぼう具屋の前に止めておいた。ろう石を買って店から出てきたら、自転車はどこにもない。手品みたいに真昼の道路から消えてしまった。

「だらしがないったらありゃしない。」

家に帰って母さんに話したら、母さんはかんかんになっておこった。

㋐「物をなくしたからって、すぐ新しい物を買ってもらえると思ったら、大まちがいよ。」

母さんは、それきり、自転車の話はしなくなった。

次の日、学校から帰ると、いつものようにのぶちゃんが遊びに来た。

いつものように自転車に乗ってきた。

いつものように自転車に乗ったまま、ベルを鳴らしてぼくをよんだ。

ぼくは、いつものようにげんかんの戸を開けて出ていった。

㋑「東町公園へ野球に行くよ。早く、早く―。」

[①]、ぼくは、のぶちゃんといっしょに行かなかった。ア行かなかったのではなくて、行けなかった。

自転車の二人乗りは学校で禁止(きんし)されていたし、東町公園まで歩いていくには一時間かかった。

「じゃあな。」

のぶちゃんは、行ってしまった。

ぼくは、自転車のベルを鳴らして角を曲がるのぶちゃんを、見送った。

お日様は、ぼくの頭の真上にある。一日は、やっと半分終わったところだ。自転車なしで、あとの半分をどうしよう。

（教育出版　ひろがる言葉　小学国語　4年(上)　舟崎(ふなざき)靖子(やすこ)）

上の文章を読んで、答えましょう。

(一) ぼくが自転車をなくしたのは、どうしてぼくが悪いのですか。 (10)

(　　　　　　　　)

(二) 手品みたいに真昼の道路から消えてしまったのは、何でしたか。 (10)

(　　　　　　　　)

(三) ㋐と㋑は、だれが言った言葉ですか。 (10×2)

㋐ (　　　　)　㋑ (　　　　)

(四) 上の文章を二つに分けるとすると、二つ目の文の初めはどこになりますか。初めの三文字をぬき書きしましょう。 (10)

□□□

(五) 次の二人が、学校から帰ると、いつものようにしたことを書きましょう。 (10×2)

のぶちゃん (　　　　)

ぼく (　　　　)

(六) [①]の中に入る言葉を、左から選んで○でかこみましょう。 (10)

そして　・　けれど　・　まだ

(七) ぼくが、のぶちゃんといっしょにア行かなかったのではなくて、行けなかった理由を二つ書きましょう。 (10×2)

(　　　　)

(　　　　)

やい、とかげ (2)

名前

ぼくの家のとなりの原っぱを、お日様が明るく照らしている。日かげに立っているぼくにはまぶしく見える。

まるで、照明に照らし出された学校のホールのぶたいだ。これから学芸会が始まるみたいだし、もう終わってしまったみたいでもある。

ぼくは原っぱへ入っていった。

ポケットに手を入れると、ろう石が出てきた。

ちぇっ、ろう石なんか買いに行かなければ、ぼくは今ごろ東町公園で野球をしていただろうな。ぼくがいなくて、だれがピッチャーをやっているんだろう。こんなろう石、すててしまえ。

ぼくは、ろう石を原っぱのすみに投げてしまおうと、ピッチャーのポーズをとった。

するとア ぼくはだれかの横目を感じた。

ぼくを見ていたのは、石の上の一ぴきのとかげだった。

「やい、自転車をなくしていい気味だぞ。」

とかげの横目はそう言っていた。

生意気なとかげをおどろかせてやろうと、ぼくはとかげのいる石にろう石を投げた。

ナイスピッチングだ。ろう石は石に当たった。

けれど、それだけではなかった。石に当たったろう石はバウンドして、とかげに当たった。

ぼくはイ 息をのんだ。

石の上に、とかげのしっぽだけが残った。残ったしっぽはしばらく動いていたけれど、やがて動かなくなった。

ぼくはしっぽをぶら下げた。

（教育出版 ひろがる言葉 小学国語 4年（上） 舟崎 靖子）

上の文章を読んで、答えましょう。

(一) まぶしく見える原っぱのことを、何にたとえていますか。 (15)

（　　　　）

(二) 何のことを照明と言っていますか。 (10)

（　　　　）

(三) 原っぱでピッチャーのポーズをとったのは、何のためですか。 (15)

（　　　　）

(四) ア ぼくはだれかの横目を感じた。 とありますが、だれの横目を感じたのですか。 (10)

（　　　　）

(五) (四)の横目は、何と言っているようでしたか。 (15)

（　　　　）

(六) なぜナイスピッチングなのでしょう。 (15)

（　　　　）

(七) ① イ 息をのんだ。 の正しい使い方の文に○をしましょう。 (10×2)

（　） 火口をのぞきこんで、そのすごさに息をのんだ。

（　） 百メートルを全力で走って、息をのんだ。

（　） お客がつぎつぎと来て、息をのむひまもない。

② なぜぼくは息をのんだのでしょう。

（　　　　）

アジアの笑い話 (1)

名前

ホジャ物語（トルコ）

二人の言いつけ

ホジャが子どもの時のことだった。

ある朝、母親が、

㋐「あたしゃ、これから近所の人と湖へせんたくに行くからね。おまえ、表の戸をしっかり番して、決してはなれるんじゃないよ。」

と言いつけた。

ホジャが、戸口で番をしていると、いなかからおじがやってきて、

㋑「おい、夕方に、おばさんといっしょにまた来るからな。そう、おっかさんに知らせとくれ。」

と言った。そこでホジャは、戸をはずしてせなかにせおい、湖の岸にいる母親のもとへと走った。

母親はアそのすがたを見て、

㋒「おや、おまえ。こりゃなんてことよ？」

ときいた。

ホジャはこう答えた。

㋓「おっかさんは、おれに、『戸をしっかり番して、はなれるんじゃないよ。』と言うたじゃないか。でも、おじさんが来て、『夕方にうちに来るから、おっかさんに知らせろ。』って。イ二人の言いつけを守るにゃ、こうするよりしかたないだろう！」

（教育出版　ひろがる言葉　小学国語　4年（下）　護 雅夫 訳）

上の文章を読んで、答えましょう。

(一) ホジャの母親は、だれと、どこへ、何をしに行ったでしょう。(10×3)

だれと（　　）

どこへ（　　）

何をしに（　　）

(二) アそのすがたとは、だれの、どんなすがたでしょうか。(10×2)

だれ（　　）

どんなすがた（　　）

(三) ㋐〜㋓のうち、ホジャが言った言葉はどれですか。（　）に記号を書きましょう。(10)

（　　）

(四) イ二人の言いつけとありますが、だれが、どんな言いつけをしたのか、それぞれ答えましょう。(10×4)

〔一人め〕

だれ（　　）

言いつけ（　　）

〔二人め〕

だれ（　　）

言いつけ（　　）

アジアの笑い話 (2)

アーファンティ物語（中国）

分量が足りない

アーファンティ（阿凡提）は、馬や羊を育てながら、草原でくらしていました。春や夏には羊の肉を食べ、秋や冬には馬の肉のソーセージを作って食べます。そのときにあまった羊や馬のあぶらは、いつも近くのよろず屋に売ることにしていました。

ある日、よろず屋のあるじが言いました。

「アーファンティさん。先週、あんたが一キンと言って持ってきたあぶらは、分量が足りんかったぞ。」

「そりゃあ、ア<u>おかしいですなあ。</u>」

とアーファンティ。

「あの日は目方を量ろうとしたら、おもりが見つからなくて……。うちの子が、どっかにやっちまったらしいんです。それで、ちょうど、おたくから一キン買ってきた塩があったもんだから、それをおもりの代わりにして量ったんでしたが。」

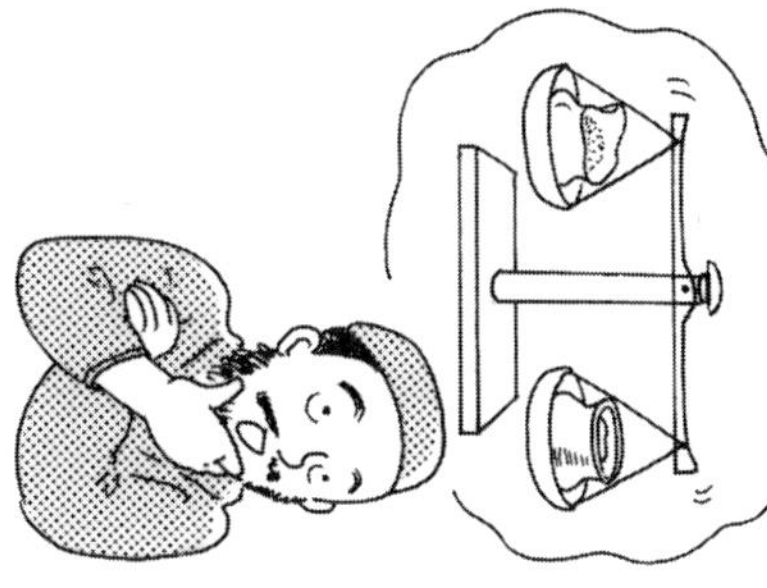

（教育出版　ひろがる言葉　小学国語　4年（下）　中由美子　再話）

上の文章を読んで、答えましょう。

(一) アーファンティは、何をしながら、どこでくらしていましたか。(10×2)

何をしながら（　　　　）

どこで（　　　　）

(二) アーファンティは、何を食べていますか。(10×2)

春や夏…（　　　　）

秋や冬…（　　　　）

(三) よろず屋に売るのは何ですか。(10)

（　　　　）

(四) ア<u>おかしいですなあ。</u>とありますが、何がおかしいのでしょうか。また、どうしておかしいのでしょうか。(10×2)

何がおかしい（　　　　）

どうして（　　　　）

(五) あぶらはほんとうに一キンありますか。ありませんか。(10)

（　　　　）

(六) よろず屋のあるじは、あぶらの分量が足りないとアーファンティに文句を言えますか。言えませんか。また、それはどうしてですか。(10×2)

（　　　　）

どうして（　　　　）

名前

アジアの笑い話 ⑶

名前

引っこし（朝鮮）

ある所に、大臣のお屋しきがありました。

お屋しきの左どなりには大工の家があり、右どなりにはかじ屋の家がありました。

朝からばんまで、大工の家からは、かんなや金づちの音が、シュルシュルル、トントンと、やむことはありません。

かじ屋のほうも負けてはいません。真っ赤に焼けた鉄のかたまりを打つつちの音が、トンテンカン、トンテンカンとひっきりなしに鳴りひびきます。

ア大臣は、これにはほとほと弱りました。（ア）そして、［㋐］、ある時、二人をよびつけて、どこかへ引っこすように命じました。

次の日、大工とかじ屋が、お屋しきにやってきました。

「おっしゃるとおり、引っこしますんで、ごあいさつに参りました。」

大臣は、内心ほっとしながらも、

「そうか。そうか。二人一ぺんに引っこすとは、なごりおしいではないか。」

と、二人にごちそうをふるまって、送り出しました。

［㋑］、イおかしなことに、そのあともトントン、トンテンカンとにぎやかな音が聞こえてくるではありませんか。大臣は、ウふに落ちないやら、はらが立つやら、さっそく家来をよんで、どうなっているのか調べさせました。

さて、家来がもどってきて言うには、大工もかじ屋も、たしかに引っこしてはいました。ただし、大工はかじ屋の家へ、かじ屋は大工の家へ。そして、それぞれ、仕事にせいを出しているというのでした。


（教育出版　ひろがる言葉　小学国語　4年（下）　李（リ）錦玉（クムオギ）　再話）

上の文章を読んで、答えましょう。

(一) 大工とかじ屋の家はどこにありましたか。（10×2）
大工（　　　）
かじ屋（　　　）

(二) それぞれ、どんな音がしますか。カタカナで書きましょう。（10×2）
大工の家（　　　）
かじ屋（　　　）

(三) ㋐・㋑の□に入る言葉を、［　］から選んで書きましょう。（10×2）

［また・ところが・とうとう・さて］

㋐（　　　）　㋑（　　　）

(四) ア大臣は、これにはほとほと弱りました。とありますが、大臣は、だれの何の音に弱ったのでしょうか。二つ書きましょう。（10×2）
（　　　）

（　　　）

(五) イおかしなことは、何がおかしいのでしょうか。（10）
（　　　）

(六) ウふに落ちないの使い方が正しい文に○をつけましょう。（10）
（　）わたしだけおこられるのは、ふに落ちない。

（　）今日がたん生日だなんて、ふに落ちない。

（　）ぼくが代表に選ばれるだなんて、ふに落ちない。

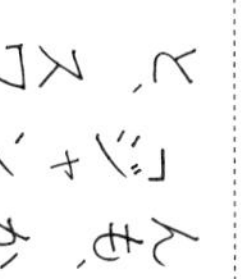

ボレボレ (1)

名前

友達のピーターが、けがをして入院したので、ぼくは、毎日のように、病院へ行っている。

その病院は変わった病院で、かんごふさんも、かん者さんも、

「ジャンボ!」

と、スワヒリ語であいさつをする――。

ぼくの名前は田代友樹。高渡小学校、四年一組。

ピーターは新学期と同時に、ぼくのクラスに転校してきた。

最初、ピーターが、小松先生と教室に入ってきたとき、クラスのみんながおどろいた。

小松先生が、

「アフリカのケニアから来たお友達です。お父さんの仕事の関係で、ナイロビの学校から、日本にやってきました。」

と、ピーターをしょうかいした。

「ハロー、ぼくはピーター＝オンバーレです。ぼくのママは、にっぽんじんです。ことばがわかります。よろしくおねがいします。」

ピーターは、日本語であいさつした。

「ピーターは英語、日本語、スワヒリ語が話せるそうです。ピーター、スワヒリ語で『こんにちは』は、何て言うの。」

小松先生が聞くと、ピーターは大きな声で、

「ジャンボ!」

と言ったので、みんなは大笑いした。

とにかく、ピーターは、陽気で人なつっこいせいかくで、よくしゃべる男の子だった。

ピーターは、すぐにクラスの人気者になった。

※「ボレボレ」の教材は、東京書籍の十七年度版４年生国語教科書にも掲載されています。
（学校図書　みんなと学ぶ　小学校国語　４年(上)　西村まり子）

上の文章を読んで、答えましょう。

(一) ぼくが、毎日のように病院へ行っているのはなぜですか。(10)

(　　　　　)

(二) その病院は、何が変わっているのでしょう。(10)

(　　　　　)

(三) ぼくは、何小学校の何年何組で、名前は何といいますか。(5×3)

(　　　)小学校　(　　　)年　(　　　)組

名前(　　　　　)

(四) ピーターは、どこの国から来た転校生ですか。(10)

(　　　　　)

(五) ピーターが話せるのは何語ですか。(5×3)

(　　　)語　(　　　)語　(　　　)語

(六) 「ジャンボ!」とは、何語で、何と言っているのでしょうか。(10×2)

(　　　)語で　(　　　　　)

(七) ピーターは、どんな男の子でしたか。(10×2)

(　　　　　)せいかくで、(　　　　　)男の子

ポレポレ (2)

名前

ある日、ろうかを走っていた五、六人のグループに向かって、ピーターが言った。

「ポレポレでいこうよ。」

ポレポレというのは、スワヒリ語でゆっくりとか、のんびりという意味だそうだ。

日本語で「ろうかを走るな。」と言えば、「よけいなお世話だ。」と、けんかになるかもしれない。[㋐]ポレポレなら、なんとなくユーモアがあって、おもしろい。

[㋑]、みんなはポレポレという言葉が気に入って、クラスじゅうではやりだした。

[㋒]学校じゅうで、だれもが「ポレポレ、ポレポレ。」と、口にするようになった。

ひどいときは、ちこくをしてきて、先生に「どうしたの。」ときかれて、「ポレポレ。」とごまかしたり、何かをして最後に残った者には、ポレポレ賞という「名よ」(?)があたえられたりした。

ぼくもポレポレが気に入った。そして、ピーターのこともすきだった。

昼休み、ぼくは教室にいた。

「ともき――!」

名前をよばれたのでふり向くと、ピーターが立っていた。

「グラウンドにいこう。」

ピーターは、ぼくのうでを引っぱった。

ぼくは、運動が苦手なので、つい、首を左右にふった。するとピーターは、

「そらをみにいこう。」

と、㋐人さし指を天じょうに向けた。

運動場に出ると、大きい子や小さい子が遊んでいた。さけび声や笑い声が楽しそうだった。

すーっと、ここちよい風が、ぼくのそばをすりぬけた。運動場の周囲の木々は、太陽の光を浴びて、わか葉がかがやいていた。そして、顔を上げると、つばさを広げて飛んで行きたいような、青い空があった。

(学校図書 みんなと学ぶ 小学校国語 四年(上) 西村 まり子)

上の文章を読んで、答えましょう。

(一) ピーターが言った「ポレポレでいこうよ。」は、何で、どういう意味ですか。(10×2)

何語(　　　　)語

意味(　　　　)

(二) ㋐～㋒の[ ]に入る言葉を、[そのうちに　やはり　でも　それから]から選んで書きましょう。(10×3)

㋐(　　　　)

㋑(　　　　)

㋒(　　　　)

(三) ひどいときには、どんなことを「ポレポレ」と言ってごまかすのですか。(10)

(　　　　)

(四) ピーターの㋐人さし指は、何を指していますか。(10)

(　　　　)

(五) 運動場に出たぼくが見たものを、三つ書きましょう。(10×3)

(　　　　)

(　　　　)

(　　　　)

ポレポレ (3)

名前

花だんの近くの岩の上に、ピーターがこしかけたので、ぼくも同じようにすわった。

「ぼくがすんでいた、ナイロビというところは、たかいビルもあるし、くるまもはしってる。にっぽんとおなじです。」

それから、ピーターは、世界で三番めに大きいビクトリア湖の近くでくらす、ルオ族の話をした。

ピーターのパパはルオ族の出身で、村には電気もガスも水道もない。人々はくらしのくふうをして、自然のままに生きている。

村人が病気になって、きとうしの所に行くと、不思議なひょうたんから声がして、薬を教えてくれるという、とても信じられないような話をした。

ぼくは、ピーターの話に引きこまれた。

それは、ピーターが大切にしている、心のたから物のような気がした。

その日から、ピーターとぼくとは、いっしょにいることが多くなった。

二人で道を歩いていると、ピーターはだれにでも声をかけ、あいさつをする。

㋐「ジャンボ、ハバリガニ(元気ですか)。」

㋑「オー、ピーター、元気いっぱい、いっぱい。アサンテ(ありがとう)。」

ぼくはあきれてしまった。いつのまに、近所のおじいさんにスワヒリ語を教えたのだろう。

学校図書 みんなと学ぶ小学校国語 4年(上) 西村(にしむら) まりこ

上の文章を読んで、答えましょう。

(一) ナイロビと日本は、どんなところが同じですか。二つ書きましょう。 (10×2)

( )

( )

(二) ルオ族は、どこに住んでいますか。 (10)

( )

(三) とても信じられないような話とは、どんな話ですか。 (15)

( )

(四) ピーターが、陽気で人なつっこいせいかくだということは、どこでわかりますか。 (10)

( )

(五) ㋐・㋑は、だれが言った言葉ですか。 (10×2)

㋐( ) ㋑( )

(六) ぼくは、なぜあきれてしまったのですか。 (15)

( )

(七) ピーターは日本に来る前、どこの町でスワヒリ語を使っていましたか。 (10)

( )

ポレポレ (4)

名前

学校図書 みんなと学ぶ小学校国語 4年(上) 西村まり子

あしたから夏休み。ア<u>うきうきしていたら</u>、夜の八時ごろ、ピーターから電話がかかってきた。

㋐「いずみが……ゆくえふめいらしい。」

副クラス委員の、加倉(かくら)いずみのことだ。

㋑「いま、いずみのママからでんわがあった。」

㋒「ゆくえ不明って……。」

まさか、ゆうかい―と、ぼくは思ったけど、口には出さなかった。

話が聞こえたのか、母さんが出てきた。

㋓「友樹(ともき)、これから出かけるの。」

母さんが止めたけど、ぼくは家を出た。

どこをさがしたらいいのか。とりあえず、ピーターとぼくとは、駅に向かって歩いた。

すると、公園の暗がりで、急にピーターが足を止めた。

㋔「ちょっとまって、うらないをするから。」

ピーターは地面にすわりこむと、なぞのような言葉を、ぶつぶつと唱えた。

数分たっただろうか、

㋕「わかったよ。たかいところにいる。」

と言って、ピーターは立ち上がった。

高い所といっても……。ぼくはきょろきょろと周囲を見わたした。

㋖「タワーのようなたてものは?」

ピーターは真けんだった。

ぼくは半分信じてなかったけど、考えた。

㋗「うーん……。」

無人のてんぼう台がある。

あれかな?

ぼくは駅の方向を指さした。

上の文章を読んで、答えましょう。

(一) ア<u>うきうきしていた</u>のは、どうしてですか。(10)

(　　　　　　)

(二) ㋐〜㋗は、だれが言った言葉ですか。(5×8)

㋐(　　) ㋑(　　) ㋒(　　) ㋓(　　)

㋔(　　) ㋕(　　) ㋖(　　) ㋗(　　)

(三) 「いずみ」とは、だれのことですか。くわしく書きましょう。(10)

(　　　　　　)

(四) 急にピーターが足を止めたのは、どこですか。(10)

(　　　　　　)

(五) ピーターは、何をするために、地面にすわりこんだのですか。(10)

(　　　　　　)

(六) どうしてぼくは、ピーターの言葉を半分信じていなかったのでしょうか。(10)

(　　　　　　)

(七) ぼくが考えついた高い建物は、何ですか。(10)

(　　　　　　)

ポレポレ

(5)

名前

駅の向こう側の、おかの上にてん望台はある。でも夜は暗くてだれも近づかない。

てん望台の下まで来ると、手入れをしてない草が、ぼうぼうと生えていた。

ピーターはライトを持って先に歩き、ぼくはかにかまれながら、後ろからついていった。

てん望台の中に入ると、お化けが出てきても不思議じゃないような暗さだった。柱にまきついたらせん階だんが、ぼくのこわさをふくらませた。

ぼくがピーターのT(ティー)シャツを引っぱるのと、ピーターがふり返ったのと、同時だった。

上の方から、女の子のすすり泣く声が聞こえた。

「いずみ！」

ピーターがさけぶと、

「ピーター？　ピーターなの！」

おどろきと喜びとが、いっしょになった声が返ってきた。

ピーターとぼくは、顔を見合わせた。

「いずみ、すぐにいきます！」

ピーターは、ア<u>そう</u>答えてから、ぼくにささやいた。

「うらないのこと、ひみつです。むらのそとでつかうと、ばちがあたるといわれてる。」

（学校図書　みんなと学ぶ小学校国語　4年(上)　西村(にしむら)まり子）

上の文章を読んで、答えましょう。

(一) ① てん望台は、どこにありますか。 (10)

（　　　　　　　　）

② てん望台の下の様子を書きましょう。 (15)

（　　　　　　　　）

(二) 何が、ぼくのこわさをふくらませたのでしょうか。 (15)

（　　　　　　　　）

(三) 上の文章を読んで、ぼくがこわがっている様子が表れているところを書き出しましょう。 (15)

（　　　　　　　　）

(四) ピーターとぼくが顔を見合わせた時の、二人の気持ちを書きましょう。 (15)

（　　　　　　　　）

(五) ア<u>そう</u>は、何を指していますか。 (15)

（　　　　　　　　）

(六) ピーターが「うらないのこと、ひみつです。」と言ったのは、どうしてですか。 (15)

（　　　　　　　　）

ポレポレ

(6)

名前

らせん階だんを上ると、待ちかねたいずみが、ピーターに飛びついてきた。

㋐「ピーター……、こわかった、こわかったー。」

いずみの顔がみるみるうちにゆがんできた。

「だいじょうぶ、もうだいじょうぶ。」

㋑ピーターは、いずみのせなかを軽くたたいた。

いずみの気持ちが落ち着くのを待って、ぼくは言った。

㋒「どうして、こんな所にいるんだよ。」

いずみはピーターからはなれると、早口で答えた。

「おいていかれたのよ。ここからおもしろいものが見えるって、さそわれて。」

「だれに？」

ピーターがきくと、いずみは下を向いて<u>つぶやいた</u>。（ア）

「クラスの女の子……。」

いずみが高い所をこわがることは、作文で読んだから、クラスのみんなが知っている。

㋓「あの子たち、わたしのことむかつくって。わたし、あの子たちと同じはんなの。給食当番のときや、体育道具のかたづけのとき、あの子たちおそいから、いつもきつく言ってた。早くしてよって。」

㋔「しかえしされたのか？」
ぼくが言うと、ピーターがやさしく話をした。
㋕「いずみは、なんでもはやくできます。でも、はやくできないひと、います。だれでも、にがてあります。せめたら、きずつくでしょう。ポレポレ、たいせつです。いそぐと、ひとのこと、かんがえられなくなります。」
とにかく帰ろうと、ピーターとぼくは、いずみの手をにぎって、らせん階だんを下りた。

（学校図書　みんなと学ぶ 小学校国語　4年（上）　西村（にしむら）　まり子）

上の文章を読んで、答えましょう。

(一) ㋐～㋔は、だれが言った言葉でしょうか。（6×5）

㋐（　　　）　㋑（　　　）
㋒（　　　）　㋓（　　　）
㋔（　　　）

(二) <u>つぶやいた</u>（ア）の使い方で、正しいものに○をしましょう。（10）

（　）小さな子がうれしそうにつぶやいた。

（　）友だちが小さな声でつぶやいた。

（　）先生が「よーい、どん。」とつぶやいた。

(三) いずみのことで、クラスのみんなが知っていることは何ですか。（10）

（　　　　　　　　　　）

(四) いずみはいつも、だれに、「早くしてよ」ときつく言っていましたか。また、それはどんな時ですか。（10×3）

だれ（　　　　　）
どんな時（　　　　　　　　　　）（　　　　　　　　　　）

(五) ① ㋕はだれが言った言葉ですか。（10×2）

（　　　　　）

② ピーターは、いずみに何をいちばん言いたいのだと思いますか。

（　　　　　　　　　　）

ポレポレ

(7)

名前

最後の一回りをすぎたところで、いずみが言った。

「ピーター、苦手なものあるの？」

「かみなり！　こわいです。」

ピーターがそう言うと、いずみが笑いだした。

そのとたん、いずみが足をすべらせた。ピーターもぼくも体がよろけて、ドドドッ、ドタンドタン、三人とも転がった。

いたっ、起き上がろうとしたぼくの体に、いたみが走った。うでと足には、大きなすりきずができて、血が出ていた。いずみも、

「いたーい。」

と言って、起きてきた。

「ピーター！」

ぼくはさけんだ。

ピーターは階だんの下で、たおれたままだった。

ぼくといずみが、ピーターのそばにかけよると、ピーターは右足を動かそうとして、「うっ」と声をあげた。

「ほねが……、おれたかもしれない。」

「えーっ！」

ぼくは、一しゅん、うらないのばちのことを思った。

「だれかよんでくる！」

ぼくはさけぶと、外に飛び出した。

通りに出ると、ぼくの前で、次々に四台の車が止まった。中からいずみの両親、クラスの三人の女の子、その親たちが、あわてた様子でおりてきた。ぼくは大声を出した。

「救急車！」

(学校図書　みんなと学ぶ　小学校国語　4年(上)　西村まり子)

(一) 上の文章を読んで、答えましょう。

ア そう、イ その、ウ そのは、それぞれ何を指していますか。(10×3)

ア (　　　)

イ (　　　)

ウ (　　　)

(二) だれが最初に足をすべらせて、三人とも転がったのですか。(10)

(　　　)

(三) ぼくは、どんなきずができましたか。(10)

(　　　)

(四) ピーターのけがの様子が分かるところを三つ書き出しましょう。(10×3)

(　　　)

(　　　)

(　　　)

(五) ① ぼくが「救急車！」と大声を出したのは、だれに向かって言ったのですか。(10×2)

(　　　)

② なぜ「救急車！」と大声を出したのですか。

(　　　)

ポレポレ　(8)

名前

ピーターは、駅から近い西原(にしはら)病院に運ばれた。けがは右足首のこっ折。入院することになった。

ぼくたちは、ピーターのおみまいが、夏休みの宿題になった。

クラスの三人の女の子たちは、泣きながらいずみにあやまり、

「まさか、あのままてん望台にいたなんて、信じられない。」

女の子の一人が言った。

いずみは何回も下りようとした。だけど、こわくて下りられなかったそうだ。

いずみが、

「わたし、クラス委員としてがんばろうと思って、無理してあせってたみたい。これからは、ポレポレ、でいくから。」

ごめんなさい、と女の子たちと仲直りをした。

次の日、病室でみんなに囲まれて、ピーターが言った。

「ポレポレ、でなかよくやろうよ。」

病院はたいくつだろうと、ぼくは心配したけど、ピーターは、車いすを使って元気に動き回っていた。そして、かんごふさんやかん者さんをつかまえては、スワヒリ語を教えていた。

いまに病院じゅうで、ポレポレがはやりだす、そう思うと、ぼくはおかしくてふき出した。

(学校図書 みんなと学ぶ小学校国語 4年(上) 西村(にしむら)まり子)

上の文章を読んで、答えましょう。

(一) ピーターはどうして入院することになったのですか。(10)

（　　　　　　　　）

(二) ① ぼくたちの夏休みの宿題は、何になったのですか。(10)

（　　　　　　　　）

② その宿題は、だれがしましたか。(10×3)

（　　　　　　　　）（　　　　　　　　）（　　　　　　　　）

(三) ぼくがピーターのことで心配したのは、どんなことですか。(15)

（　　　　　　　　）

(四) ぼくは心配したけれど、病院で、ピーターはどんな様子でしたか。二つ書きましょう。(10×2)

（　　　　　　　　）（　　　　　　　　）

(五) ぼくは、何がおかしくてふき出したのでしょうか。(15)

（　　　　　　　　）

小鳥を好きになった山 (1)

名前

あれ果てた野原に、ぽつんと岩だらけの山がそびえていた。ごつごつした山には、草や木が一本も生えていなかったので、ア けものも鳥も虫も、全く住めなかった。

山は、太陽に照らされ、風にふかれることはあっても、山はだにじかにふりかかるのは、雨や雪だけ。その冷たさしか、山は知らなかった。

あ 遠い遠い昔から、山は流れる雲の様を見守り、空ばかりながめてくらしてきた。

空をわたる太陽の道、月の道もよく知っていたし、すみきった夜には、はるかな星たちがゆっくりとめぐるのをだまって見ていた。

ほかには何一つ見えなかった。

ある日のこと、どこからか一羽の小鳥がやって来た。小鳥は岩山の上をひと回り飛ぶと、岩角に止まって羽をつくろった。

い 山は、小鳥の小さなつめにやさしくつかまれるのを感じ、小鳥がうずくまると、羽におおわれた体のやわらかさにびっくりした。空からこんなものが下りてきたのは初めてだ。

山は、わくわくしてたずねた。

「そこにいるのはだれだね？　名前を教えてくれないか。」

「わたしは小鳥よ。名前はジョイ。遠い島からはるばる飛んできました。毎年春になると、巣を作りひなを育てる場所をさがして旅に出るの。ここで休ませてもらったら、また出かけます。」

「お前のようなものに会ったのは、初めてだ。どうしても行ってしまうのかい？　ここにいてもらうわけにはいかないかね。」

ジョイは首をふった。

（学校図書 みんなと学ぶ 小学校国語 4年(下) アリス＝マクレーラン 作 ゆあさふみえ 訳）

上の文章を読んで、答えましょう。

(一) 山には、ア けものも鳥も虫も、全く住めなかった。とありますが、どうしてですか。(10)

(　　)

(二) あの文で、山が見ていたものと、知っていたことについて書きましょう。(4×5)

見ていたもの (　　) (　　) (　　)

知っていたこと (　　) (　　)

(三) どこからかやってきた一羽の小鳥は、どこに止まって、何をしましたか。(10×2)

どこ (　　)

何をした (　　)

(四) 山は、小鳥のどんな様子にびっくりしましたか。(10)

(　　)

(五) いの文で、山が小鳥のことで感じたこと、びっくりしたことを書きましょう。(10×2)

感じたこと (　　)

びっくりしたこと (　　)

(六) 小鳥の名前は何といいますか。また、山は、小鳥に何をたのみましたか。(10×2)

名前 (　　)

たのんだこと (　　)

小鳥を好きになった山 (2)

名前

「小鳥は生き物です。食べ物や水がなくちゃ。ここには食べ物もないし、水を飲もうにも小川ひとつないんですもの。」

「それじゃ必ず、また来ておくれ。」

山は、心をこめてたのんだ。

ジョイはちょっと考えてからこう言った。

「これまでずいぶんあちこちの山でひと休みしたけれど、また来てほしいなんて言ってくれる山はなかったわ。だからこれからは、春になって旅に出たら、必ずここに立ちよることにします。でも、[ア]ここから食べ物や水のある所まではまだ遠いから、いられるのはほんのいっときですけれど。」

「わたしは、お前のようなものに会ったのは初めてなんだ。たとえいっときでも、また来てくれるならうれしいね。」

山は喜んで言った。

「それにしても、山はいつまでも長生きできるけれど、小鳥はそういうわけにはいきません。わたしが生きているかぎりここへ立ちよるとしても、ほんの二、三回のこと。そんなに長生きはできないわ。」

ジョイは言った。

「そうかい。お前が来てくれなくなったら、とてもさびしいだろうなあ。」

しょんぼりした山に、ジョイはすずやかな声で歌を歌ってあげた。山は歌を聞くのも、これが初めてのことだった。歌い終わると、ジョイは明るい声で言った。

（学校図書 みんなと学ぶ 小学校国語 4年(下) アリス＝マクレーラン作 ゆあさふみえ訳）

上の文章を読んで、答えましょう。

(一) 小鳥がここに長くいられないのは、なぜですか。(10)

(　　　)

(二) ① ジョイは、山に、何を約束しましたか。(10×2)

(　　　)

② なぜ約束したのでしょう。

(　　　)

(三) 「[ア]ここ」は、何を指していますか。(10)

(　　　)

(四) 山は、小鳥のことを何とよんでいますか。(10)

(　　　)

(五) 小鳥は、二、三回しか立ちよれないと言っていますが、それはなぜですか。(15)

(　　　)

(六) なぜ山はしょんぼりしたのですか。(15)

(　　　)

(七) 山が初めて体験したことが二つ書かれています。何と何ですか。(10×2)

(　　　)(　　　)

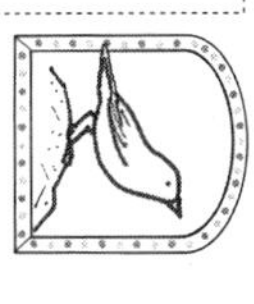

小鳥を好きになった山 (3)

名前

学校図書 みんなと学ぶ 小学校国語 4年(下) アリス＝マクレーラン作 ゆあさふみえ訳

「そうだわ。わたしのむすめに、やはりジョイという名を付けましょう。そして、ここへ来る道を教え、春ごとにアあなたに歌をお聞かせするよう言い残します。それから、その子がまたそのむすめにジョイと名付け、ここへ来る道を教えるようにと。こうすれば、ジョイの名は次々に受けつがれ、何年たっても春になれば、あなたはジョイの歌声を聞くことができますものね。」

ジョイの言葉に、イ山はうれしいようなさびしいような気持ちになった。

「ほんとは、ここにずっといてほしいんだが。［①］、また来てくれるなら楽しみにしているよ。」

「さあ、もう行かなくちゃ。それじゃ来年の春までごきげんよう。」

そう言うと、ジョイは太陽に向かってまい上がった。山はウそのすがたをなごりおしそうにいつまでも見送った。

それから春がめぐってくるたびに、一羽の小鳥が山をおとずれるようになった。

「わたしはジョイ。ごあいさつに来ました。」

と、小鳥は歌いながら山の上を飛び回り、岩かげにつばさを休めた。小鳥がふたたび飛び立つ時、山は決まってたずねた。

「なんとかここにいてもらえないかね？」

「エそれは無理だわ。でも、来年の春も必ずまいります。」

オジョイの答えも、いつも同じだった。

時がたつにつれ、山は、ジョイが来るのを待ちこがれるようになった。［②］、それだけジョイを見送るのが、つらくてたまらなくなっていった。

上の文章を読んで、答えましょう。

(一) アあなたとは、だれのことですか。(10)

（　　　）

(二) 何年たっても、春になれば、山にジョイの歌声を聞かせるためにはどうすればよいか、ジョイの考えを書きましょう。(15)

（　　　）

(三) イ山はうれしいようなさびしいような気持ちになった。とありますが、それぞれどんな気持ちですか。(10×2)

うれしいような気持ち（　　　）

さびしいような気持ち（　　　）

(四) ウとエの言葉は、それぞれ何を指していますか。(10×2)

ウその（　　　）

エそれ（　　　）

(五) オジョイの答えも、いつも同じだった。とありますが、どんな答えなのでしょう。(15)

（　　　）

(六) ①②の［　］に入る言葉を、［　］から選んで書きましょう。(10×2)

①（　　　）　②（　　　）

［それから・でも・そして・なぜなら］

小鳥を好きになった山 (4)

名前

1 とうとう百回めの春のこと。いつものようにやって来たジョイに、山は熱心にたのんだ。
「お願いだ。ここにずうっといておくれ。」
2 ジョイは、相変わらず答えた。
「それは無理だわ。でも、来年の春も必ずまいります。」
3 山は、ジョイが空のかなたに消えていくのをじいっと見つめていた。と、ふいに、つらさにたえかねて山の心臓（ぞう）がばく発した。固い岩がくだけ、山のおく底からなみだが一気にふき出すと、一すじの流れとなって山はだを流れ落ちた。
4 次の春ジョイが来ても、山はだまってなみだを流し続けるばかり。
「どうせジョイは、すぐに行ってしまう。また来年の春まで、苦しいほど待ちこがれるだけだ。」
5 次の春になると、ジョイは一つぶの種をくわえてやって来た。

6 ジョイはその種を、山が流しているなみだの川に近い、岩のわれ目におしこんだ。
「ここならいつもしめっているから、芽が出るはずよ。」
7 ジョイは、にっこりしてひとしきり歌を歌うと、飛び去った。［ ㋐ ］山は何も言えず、ただなみだを流すばかりだった。
8 ア それから何日かたつと、岩のわれ目の種は、細い根をのばし始めた。根は岩のすき間にしのびこみ、わずかな水をすい上げ、もろくなった岩から養分を取った。
9 根がしっかりしてくると、種からは芽が出て、太陽に向かってせいいっぱい小さな葉を広げた。［ ㋑ ］山は悲しみにしずんだまま、イ この緑の葉に気がつきもしなかった。

（学校図書 みんなと学ぶ 小学校国語 4年(下) アリス＝マクレーラン作 ゆあさふみえ訳）

上の文章を読んで、答えましょう。

(一) ① 山の心臓がばく発した季節は、いつですか。(5)
（　　）
② ばく発によって、どんなことがおこりましたか。(10)
（　　）

(二) ① ジョイがいつもの春とちがうのは、1～9のうち何だん落ですか。(5)
（　　）だん落
② いつもと、何がちがったのですか。(10)
（　　）

(三) ① ジョイは、山が流しているなみだの川に近い、岩のわれ目に、何をおしこんだのでしょうか。(5)
（　　）
② その場所におしこんだのは、なぜですか。(10)
（　　）

(四) アそれからとは、いつからのことですか。(15)
（　　）

(五) 岩のわれ目の種は、どのように水分をとりましたか。(15)
（　　）

(六) イこのは、何を指していますか。(15)
（　　）

(七) ㋐・㋑の□には、同じ言葉が入ります。□から選びましょう。(10)
（　　）

そして・また・それでも

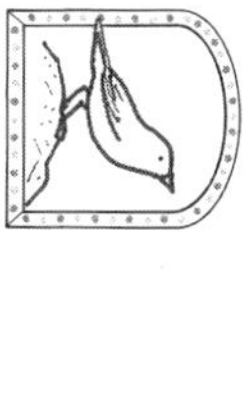

小鳥を好きになった山 (5)

名前

また春が来ると、ジョイはもう一つぶ種をくわえてきた。次の春も、そのまた次の春も。春がめぐってくるたびに、ジョイは種を運び、なみだの川のほとりに植えた。そして必ず歌を歌ってあげたけれど、山のなみだは止まらなかった。

このようにしていくたびも春はめぐり、次々に芽ぶく草や木の根は岩をもろくしていき、アくだけた岩は、やがて土に変わった。

辺りにはこけがむし始め、風に乗ってきた小さな虫たちが、草むらをいそがしくはい回るようになった。

その間にも、いちばん初めの種は、深く深く山の心臓(ぞう)に向かって根をのばした。小さな芽は、やがて木になり、しだいにみきが太くなって、空高くえだをはりめぐらした。とうとう根は、山のひびわれた心臓にとどき、やさしい指のようにわれ目をふさいで、いたみを取りのぞいた。

いたみが消え、悲しみがうすらぐと、山はやっと周りに緑がしげり始めたのに気がついた。こんなにすてきなことが起こるなんて！

山のなみだは、幸せのなみだに変わった。

それからも、毎年春になると、ジョイは種を運んできた。年がたつにつれ、いくつものせせらぎができて、山はだを歌いながら流れ落ちた。山の土はうるおい、草や木がぐんぐん育っていった。

元気を取りもどした山は、ひさしぶりにジョイにたのんだ。

「なんとかここでくらしてもらえないかな？」

しかし、ジョイの答えは変わらなかった。

「それは無理だわ。でも、来年の春も必ずまいります。」

（学校図書　みんなと学ぶ小学校国語　４年(下)　アリス＝マクレーラン作　ゆあさふみえ訳）

上の文章を読んで、答えましょう。

(一) 春が来るたびに、ジョイは何をしましたか。二つ書きましょう。(10×2)

（　　　　）
（　　　　）

(二) 「何度も(毎年)春が来る」ということを、他にどんな言葉で表現していますか。(10)

（　　　　）

(三) アくだけた岩とありますが、なぜ岩がくだけたのですか。(10)

（　　　　）

(四) ① 山のいたみを取りのぞいたのは、何ですか。(10)

（　　　　）

② どのようにして取りのぞきましたか。(15)

（　　　　）

(五) 山のなみだが、幸せのなみだに変わったのは、なぜですか。(15)

（　　　　）

(六) 年がたつにつれ、山の様子で変わったことを二つ書きましょう。(10×2)

（　　　　）
（　　　　）

小鳥を好きになった山 (6)

名前

上の文章を読んで、答えましょう。

さらにいく年もたち、いくつものせせらぎは周りのあれ地もうるおして、いつしか見わたすかぎり緑に変わった。すると、小さな動物たちが集まってきて、食べ物をさがし、巣を作るようになった。

その様子を見守るうち、山にはア大きなゆめがふくらみ始めた。山は心の底から草や木をかんげいし、力のかぎりはげました。

草や木は、山のゆめがかなえられるよう、いっぱいにえだをのばし、葉をしげらせた。

初めての種は、今では山いちばんの高い木に育った。

次の春飛んできたジョイがくわえていたのは、種ではなく、小さな木のえだだった。

ジョイはいちばん高い木に、そのえだをかけて巣を作った。

「わたしはジョイ。」
イ晴れやかな歌声が、山にひびきわたった。
「ここに巣を作るためにやって来ました！」

（学校図書 みんなと学ぶ 小学校国語 4年(下) アリス＝マクレーラン 作 ゆあさふみえ 訳）

(一) 何が、あれ地をうるおしましたか。 (10)

（　　　　）

(二) あれ地がうるおされて、周りの様子はどう変わりましたか。二つ書きましょう。 (10×2)

（　　　　）

（　　　　）

(三) ア大きなゆめを持った山は、草や木をどうしましたか。 (15)

（　　　　）

(四) 山のゆめがかなえられるよう、草や木は何をしましたか。 (10)

（　　　　）

(五) 初めての種は、今どうなっていますか。 (10)

（　　　　）

(六) 次の春飛んできたジョイが、今までとちがったところは何ですか。 (10×2)

（　　　　）ではなく、（　　　　）をくわえてきた。

(七) イの文から、これからジョイは、どんなふうにくらしていくと思いますか。 (15)

（　　　　）

雨の夜のるすばん (1)

名前

その日も小雨(こさめ)がふりつづいていました。

雨は数日前から、山あいの村をすっぽりとおおいつくして、農家は、一年でいちばんいそがしい季節をむかえていました。

うら作の麦をかり取り、たまねぎやじゃがいもを取り入れるのは、晴れた日の仕事。田んぼに水をはって土をこね、さなえを植えつけるのは、雨がやってきてからの仕事。

田植えでいそがしいのは、人だけではありません。たがやす牛たちも、きつい仕事のためにやせこけて、うき出したあばらぼねがいたいたしいほどです。

やがて、日がくれました。

それでも(ア)、田植えに出かけたはずの父さんも母さんも帰ってきません。

るすばんをするぼくと弟は、何度も表に出ては、雨の向こうをのぞきこみました。けれども、荷車の帰ってくる様子はありません。

おふろはとっくにわいていました。

ピッチピッチと、土間のかたすみで雨もりがつづいています。

「はらへったなあ。」

と、弟がそっとよってきました。

「平気、平気。」

ぼくは強がりを言いました。

「平気やけど、おかゆでもたいとこうか。」

「うん、昼の残りめしはひゃっこいし(イ)。」

弟もさんせいです。

雨にぬれて帰ってくるにちがいない両親に、熱いおかゆをたいておくのは、すてきな思いつきでした。どうして今まで気がつかなかったのでしょう。

(大阪書籍 小学国語 4年(上) 川村(かわむら)たかし)

上の文章を読んで、答えましょう。

(一) この季節の農家の、晴れた日の仕事は何ですか。二つ書きましょう。 (10×2)

(　　　　) (　　　　)

(二) 雨がやってきてからの仕事は何ですか。 (10)

(　　　　)

(三) それでも(ア)は、何を指していますか。 (10)

(　　　　)

(四) 田をたがやす牛たちの様子を書き出しましょう。 (15)

(　　　　)

(五) るすばんをしているのは、だれとだれでしょう。また、だれとだれを待っているのでしょうか。 (5×4)

(　　　　)と(　　　　)でるすばん。

(　　　　)と(　　　　)を待っている。

(六) 長い間待っていることがわかるところを書き出しましょう。 (15)

(　　　　)

(七) 残りめしはひゃっこい(イ)は、どういう意味でしょう。正しいものに○をしましょう。 (10)

(　) 残りめしは、たくさんある。

(　) 残りめしは、つめたい。

(　) 残りめしは、少ない。

雨の夜のるすばん ⑵

名前

（大阪書籍　小学国語　4年（上）　川村たかし）

さっそく取りかかりました。やり方は、わかっているつもりでした。

米びつの中には、大・中・小の三種類のますが入っていました。まず、大きなますで二はい量りました。ア二はい目は、ますがそこをかすりました。見ている弟が首をかしげました。

㋐「母さんはたしか三ばい量ってたよ。どのますやったかなあ。」

㋑「そや、そういえば少ないかな。よし、おまけして中ますをもう一ぱい。」

弟も乗り出して、

㋒「ついでや兄ちゃん。ちっこいますも一ぱい入れたってよ。」

㋓「よしきた、がってん。」

水をはったかまを持ち上げるのは大仕事でした。おしまいに、あつさが三センチもあるがんじょうなふたをのせて、

「はい、できあがり。」

ぼくらはさっさとかまどの前にすわって、火をおこしました。あとは待つだけです。

にえたったころ、塩をひとつまみ入れて、火を落とす。ぼくの知っているのは、それだけです。

「あとは、おかずやなあ。」

ぼくはつぶやきました。だなにしんのひものが四、五本のっているのを知っていました。

取り入れたばかりのじゃがいもとたまねぎを、にしんといっしょに、につける。おいしそう。ぼくはつばを飲みこみました。

「なあ兄ちゃん、そうじもやっとこうよ。」

さあ、それから、ぼくらはにわかにいそがしくなりました。

上の文章を読んで、答えましょう。

㈠ 米びつの中には、どんなますが入っていましたか。（10）

（　　　　）

㈡ ア二はい目は、ますがそこをかすりました。から、どんなことがわかりますか。（10）

（　　　　）

㈢ ㋐～㋓は、弟と兄、どちらの言った言葉でしょうか。記号を書きましょう。（5×4）

弟（　　　　）　兄（　　　　）

㈣ 二人はかまに、大・中・小のますで、それぞれ何ばいのお米を入れましたか。数字を（　）に書き入れましょう。（5×3）

大（　　）　中（　　）　小（　　）

㈤ 次の言葉を、わかりやすく書きかえましょう。（10×2）

火をおこす（　　　　）

火を落とす（　　　　）

㈥ おかずには、どんな材料を使うつもりでしたか。（5×3）

（　　）（　　）（　　）

㈦ どうしてぼくらは、にわかにいそがしくなったのですか。（10）

（　　　　）

雨の夜のるすばん (3)

名前

取りかかって二十分もたったでしょうか。弟がのどにひっかかったような声で、ぼくをよびました。

ふり返ると、

「ふたが、ふたが。」

と指さしながら、小さくふるえています。

「だれもさわれへんのに、かまのふたがすうっと動いた。」

ぼくのせなかを、つめたい水のようなものが、つっと走りました。が、ここはア一年生をおびえさせてはなりません。

「心配すんな、まかせとけ。」

のぞきこんだぼくは、イあんぐりと口を開けました。ぎっしりふくれあがった米つぶが、ふたをおし上げているのです。

「ちょっと米が多かったかな。」

おわんを持ってこい。」

ぼくは半にえの米を、二はい三ばいと、ざるにすくい取りました。 ① 、初めのように水をはって、ふたをのせました。

「さあ、もう心配はいらんぞ。」

② 、また何分かすぎたころ、

「兄ちゃん。」

と、弟はせっぱつまった声でよびます。

「またや、また走った。」

「走ったやて？」

ふたを取ってみました。米をすくい出したあとのくぼみはほとんどふさがり、やっぱりふくらんだ米があふれ出そうです。

ぼくらはしいんとして、顔を見合わせました。うす気味悪いかまでした。

どうしよう。

ぼくは自分のまよいをたち切るように、半にえのおかゆをざるの中へ、ウごかごかとすくい出しました。あとに、まんまんと水をはりました。

（大阪書籍　小学国語　4年（上）　川村（かわむら）　たかし）

上の文章を読んで、答えましょう。

(一) ① 「ふたが、ふたが。」と言ったのは、だれですか。(10×2)

（　　　）

② ふたがどうしたと言っているのでしょうか。

（　　　）

(二) ア一年生とは、だれのことですか。(10)

（　　　）

(三) イあんぐりと口を開けました。とありますが、ぼくのどんな気持ちがわかりますか。(10)

（　　　）

(四) ①・②の□に入る言葉を、┆┆から選んで書きましょう。(10×2)

①（　　　）　②（　　　）

┆ だから　・　それから　・　ところが ┆

(五) 「またや、また走った。」とは、何がどうなったのですか。(10×2)

（　　　）が、また（　　　）。

(六) (五)は、なぜそうなったのですか。(10)

（　　　）

(七) ウごかごかを、ほかの言葉で言いかえましょう。(10)

（　　　）

雨の夜のるすばん

(4)

名前

もう、おかずどころではありません。弟はふるえながら、ぼくにしっかりつかまっています。

「だいじょうぶやろか。」

「決まってるがな。」

それでも気になるので、ぼくはふたを持ち上げて、中をのぞこうとしました。

[　①　]、そうっと元にもどしました。

「どうしたの、兄ちゃん。」

アの傍線「返事のしようがありませんでした。」米はやっぱりかまの口近くまで、ぎっしりつまっていたのです。

[　②　]、できそこないのおかゆをすくい出す勇気はありませんでした。がまんもここまでです。

弟はだっと表の方へとび出していきました。ぼくも後を追いました。

「おうい。」

「帰ってこいよう。」

つめたいなみだが、ぼろぼろとほおを伝いました。ぼくらは泣きながらさけびました。

「帰ってきてよう。」

「おうい。」

イの傍線「その声は」、二百メートルほどはなれた坂の下の田んぼにまでとどいていたそうです。でも、よほどのことがないかぎり、田植えはとちゅうでやめるわけにはいきません。

父さんと母さんは、ウの傍線「まるで田んぼを相手にけんかでもするように」、細いさなえをガッガッとどろ土にさしこんでいたそうです。

どれほどたったでしょうか。

[　③　]荷車を牛に引かせた父さんと母さんが帰ってきました。[　④　]八時をすぎていました。

(大阪書籍　小学国語　4年(上)　川村たかし)

上の文章を読んで、答えましょう。

(一) ぼくにつかまっているのは、だれですか。(10)

(　　　　)

(二) ぼくが、ふたを持ち上げて、かまの中をのぞこうとしたのは、だれが何と言ったからですか。(15)

(　　　　)

(三) アの傍線「返事のしようがありませんでした。」とありますが、かまの中はどうなっていたのですか。(15)

(　　　　)

(四) ①～④の□に入る言葉を、┆┆から選んで書きましょう。(5×4)

① (　　　　)　② (　　　　)

③ (　　　　)　④ (　　　　)

┆とっくに・やがて・が・もう・まるで┆

(五) 「帰ってこいよう。」は、だれをよんでいるのですか。(10)

(　　　　)

(六) イの傍線「その声は」、何を指していますか。(15)

(　　　　)

(七) ウの傍線「まるで田んぼを相手にけんかでもするように」とは、どのようにして田植えをしていたのでしょうか。(15)

(　　　　)

雨の夜のるすばん

(5)

母さんが入ってきました。家の中は、いっぺんにあたたかくなりました。

㋐「えらいことしてしもうたんよ。」

弟は、かまどの方を指さしました。やっぱり半にえのおかゆが、ふたの下からふつふつと顔をのぞかせています。

柱のかげで小さくなっていたぼくも、おそるおそる出ていきました。こっぴどくしかられるのは、かくごのうえでした。

㋑「失敗や、かんにん。食べられへんおかゆ、たいてしもうた。」

そのとき、ふいにぼくらはだきよせられました。

㋒「二人ともありがとう。ようたいてくれた。失敗？　ああ、母さんにはうれしい失敗や。」（「うれしい失敗」に傍線ア）

母さんは目を赤くして、ぼくらの前にしゃがみこむと、もう一度、息がつまるほど、だきしめました。雨にぬれた母さんはしめった土のにおいが立ちこめていました。

そこへ、牛の世話をすませた父さんがやってきました。父さんは様子がわかると、あはははとわらいました。

㋓「半にえのおかゆも、たまにはええやんか。」（「半にえのおかゆ」に傍線イ）

できそこないのおかゆは、それから二、三日の間、ぼくらをなやませました。いくらたき直しても、ずわずわのおかゆの、まずいことまずいこと。（「できそこないのおかゆは、それから二、三日の間、ぼくらをなやませました。」に傍線ウ）

あのときの大きなますは、一・八リットルを量るますでした。ぼくらは七、八倍もの米でおかゆをたこうとしていたのです。

（大阪書籍　小学国語　4年（上）　川村(かわむら)　たかし）

名前

上の文章を読んで、答えましょう。

(一)　㋐～㋓は、だれの言った言葉ですか。（5×4）

㋐（　　　）　㋑（　　　）

㋒（　　　）　㋓（　　　）

(二)　どうしてぼくは、柱のかげで小さくなっていたのでしょうか。（10）

（　　　）

(三)　ア　うれしい失敗について答えましょう。（10×2）

①　何が失敗だったのですか。

（　　　）

②　失敗したのに、どうしてうれしいのでしょうか。

（　　　）

(四)　母さんのうれしい気持ちが、とてもよく出ている文を、本文からぬき書きしましょう。（10）

（　　　）

(五)　イ　半にえのおかゆと同じ意味の言葉を、文中からさがして、三つ書きましょう。（10×3）

（　　　）

（　　　）

（　　　）

(六)　ウ　できそこないのおかゆは、それから二、三日の間、ぼくらをなやませました。とありますが、わかりやすく書きかえましょう。（10）

（　　　）

ならなしとり (1)

名前

北国のある村に、仲のいい三人兄弟がいました。太郎、次郎、三郎は、病気の母親をかん病しながら、畑仕事にせいをだしていました。

「おっかさん、食べたいものがあったら、なんでも言ってください。」

ある日太郎が聞くと、母親は、

「ならなしの実を食べると力が出るような気がするんじゃが……。」

と、すまなそうに言いました。

ならなしの木は、まものがすむという山おくのぬまのほとりにあります。

「おっかあのためだ。おれがとってくる。」

太郎は、次郎、三郎に(あ)そう言うと、朝早く、家を飛び出しました。

太郎が山道をゆくと、大きな岩の上から、真っ白なかみのばあさまが、声をかけました。

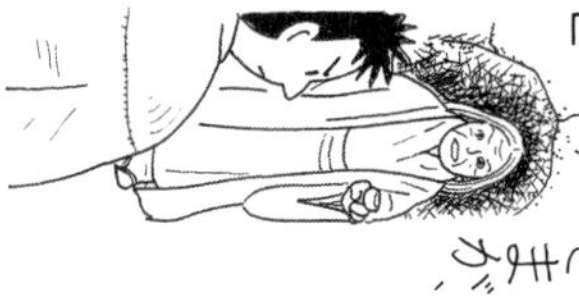

「どこへゆくんじゃ。」

「ならなしの実をとりにゆきます。」

「なんじゃと。(い)そんなことをしたら、ぬまのまものに、ひと飲みにされるぞ。」

「病気の母親に、ア どうしても食べさせたいのです。」

「ふうむ。ならば教えてやろう。この先に三本のわかれ道がある。(う)それぞれの入り口のささの葉の中で、『ゆけっちゃがさ』と歌っている道をゆくのじゃ。」

（大阪書籍 小学国語4年(上) 峠 兵太）

上の文章を読んで、答えましょう。

(一) 上の文章の登場人物を全て書きましょう。(5×5)

( ) ( ) ( ) ( ) ( )

(二) ① 母親は、何を食べたいと言っていますか。(5×2)

( )

② なぜ、食べたいのですか。

( )

(三) 朝早く家を飛び出したのは、だれですか。(10)

( )

(四) 「どこへゆくんじゃ。」と言ったのは、だれですか。(10)

( )

(五) ア どうしても食べさせたいとありますが、なぜ食べさせたいのだと思いますか。(15)

( )

(六) (あ)〜(う)の言葉は、それぞれ何を指していますか。(10×3)

(あ) そう ( )

(い) そんなこと ( )

(う) それぞれ ( )

ならなしとり ⑵

（大阪書籍　小学国語　4年（上）　峠兵太）

太郎が歩いてゆくと、ばあさまの言ったとおり、三本のかれ道がありました。入り口では、ささの葉が歌っています。

ゆくなっちゃ　がさがさ
ゆけっちゃ　がさがさ
ゆくなっちゃ　がさがさ

太郎は、ばあさまの言ったことをたしかめないで、いちばん近い、一本目の道に入りました。

しばらくゆくと、からすが巣をかけている木がありました。Ⓐそこから、

ゆくなっちゃ　とんとん
ゆくなっちゃ　とんとん

という歌が聞こえてきました。急いでいる太郎の耳にはⒾそれが入りません。

どんどん歩いてゆくと、今度は、木のえだに下がっているひょうたんが風にゆれて鳴りました。

ゆくなっちゃ　がらがら
ゆくなっちゃ　がらがら

ひょうたんはⓊそう歌っています。でも、ならなしの実を、早く母親に食べさせたい太郎は、かまわず進みました。

太郎は、ぬまのほとりに、ならなしの木を見つけました。大きく広がったえだには、こがね色の実がかがやいています。

「おっかあが喜んでくれるぞ。」

太郎は、かけよって木に登りました。すると、太郎のかげがぬまにうつりました。Ⓔそのとたん、水がざんぶらさわぎ、まものがあらわれ、太郎をひと飲みにしてしまったのです。

上の文章を読んで、答えましょう。

(一) 三本のかれ道で歌っていたのは何ですか。(10)

（　　　　　　）

(二) からすが巣をかけている木の「ゆくなっちゃ　とんとん」の歌は、太郎に聞こえましたか。(10)

（　　　　　　）

(三) ひょうたんの歌っている歌を書きましょう。(10)

（　　　　　　）

(四) ① 太郎は、ならなしの木を、どこで見つけましたか。(10×2)

（　　　　　　）

② ならなしの実は、どんな実ですか。

（　　　　　　）

(五) Ⓐ〜Ⓔの言葉は、それぞれ何を指していますか。(10×4)

Ⓐそこ（　　　　　　）

Ⓘそれ（　　　　　　）

Ⓤそう（　　　　　　）

Ⓔそのとたん（　　　　　　）

(六) Ⓔそのとたんに、どんなことがおこったのでしょうか。(10)

（　　　　　　）

名前

ならなしとり　(3)

名前

㋐「ならなしの実は、おれがとってくる。」

帰ってこない太郎を心配しながら、今度は、次郎が山に出かけました。ところが、次郎も山道で会ったばあさまの言うことを聞かなかったので、まものに飲まれてしまいました。

㋑「おっかあ、兄さんたちをさがしてくる。」

三郎は、母親のことを村の人にたのむと、山に向かいました。

㋒「どこへゆくのじゃ。」

山のばあさまが三郎をよび止めました。

「兄さんたちをさがしにいきます。」

㋓「(あ)あの二人か。わしの言うことを聞かぬから、まものに飲まれてしまったわ。」

ばあさまはじろりと三郎をにらみました。

㋔「ならば助けにいきます。」

三郎が言いました。

「そうか。ではもう一度教えてやろう。三本道のささの葉の歌のとおりにゆくんじゃ。……(い)これも持っていくがいい。」

ばあさまは(う)そういうと、山刀を三郎にくれました。

三郎がどんどんゆくと、三本の分かれ道に出ました。

ゆくなっちゃ　がさがさ
ゆけっちゃ　がさがさ
ゆくなっちゃ　がさがさ

ささがゆれながら歌っています。三郎は、耳をすますと、

ゆけっちゃ　がさがさ

と歌っている真ん中の道を選びました。

（大阪書籍 小学国語4年(上) 峠兵太）

上の文章を読んで、答えましょう。

(一) ㋐〜㋔は、だれが言った言葉でしょうか。(3×5)
次郎（　）
三郎（　）
山のばあさま（　）

(二) 山に出かけた次郎は、どうなりましたか。(10)
（　）

(三) 三郎は、どうして村の人に母親のことをたのんで、山に向かったのでしょうか。(15)
（　）

(四) 山のばあさまが、三郎にくれたものは何ですか。(10)
（　）

(五) 三郎が選んだ道は、三本の分かれ道のうち、どの道ですか。また、その道のささは何と歌っていましたか。(10×2)
どこ（　）
何と歌っていたか（　）

(六) ① (あ)あは、だれとだれのことですか。(5×2)
（　）と（　）
② (い)これは、何を指していますか。(10)
（　）
③ (う)そうは、何を指していますか。(10)
（　）

ならなしとり (4)

名前

大阪書籍　小学国語4年（上）　峠　兵太

三郎（さぶろう）がなおも歩いてゆくと、からすの巣（す）がある木の上から、

ゆけっちゃ　とんとん

ゆけっちゃ　とんとん

という歌が聞こえてきました。

「ありがとう。」

三郎は巣をあおいで（ア）お礼を言うと、また、ごんごん歩いていきました。今度は、ひょうたんが歌っています。

ゆけっちゃ　からから

ゆけっちゃ　からから

三郎は、ひょうたんにもお礼を言うと、山道のおくへと入っていきました。

［①］、目の前に川があらわれました。

ふちのかけた赤いおわんが、ぷかぷか流れてきます。それは（イ）今までに見たこともない、きれいな色のおわんでした。三郎は、おわんを拾うと、ふところにしまいました。

上の文章を読んで、答えましょう。

(一) 「ゆけっちゃ　とんとん」という歌は、どこから聞こえてきましたか。(10)

（　　　　　　　　）

(二) 「ありがとう。」と言ったのはだれですか。また、だれに対してのお礼でしょうか。(10×2)

だれ（　　　　　　　　）

だれに対して（　　　　　　　　）

(三) アあおいでと同じ使い方のものに、○を二つつけましょう。(10×2)

（　）飛んでいる鳥をあおいで見る。

（　）暑いので、うちわであおいでいる。

（　）夜空をあおいで、星を見つめる。

(四) ひょうたんの歌っている歌を書きましょう。(10)

（　　　　　　　　）

(五) ［①］に入る言葉を、左から選んで○でかこみましょう。(10)

しかし　・　やがて　・　でも

(六) イそれは、(10×3)

① 何を指していますか。

（　　　　　　　　）

② どんな赤色をしていましたか。

（　　　　　　　　）

③ 三郎はそれをどうしましたか。

（　　　　　　　　）

ならなしとり　(5)

ぬまに着きました。ならなしの木がでんと立っています。三郎が用心しながら近づくと、木の歌が聞こえてきました。

東の側はおっかねえぞ
西の側はあぶねえぞ
北の側はかげがうつる
南の側から登るがいい

三郎はⓐそのとおり、木に登りました。えだにまたがり、こがね色のおいしそうな実を、せなかのかごにたくさんもぎとりました。ⓘそうして、三郎が木から下りようとしたときです。

「あっ！」

三郎は足をすべらせ、北側のえだをつかんでしまったのです。三郎のかげがぬまにうつりました。水がざんぶらさわぎたち、まものがあらわれ、おそいかかりました。

三郎は、ばあさまからもらった山刀をすばやくぬくと、まものに切りつけました。のどを切られたまものは、地ひびきたてて、くずれ落ちました。

三郎が木から下りると、まもののはらの辺りから、

「三郎やあい。」

と、かすかな声がします。そっと切り開くと、青い顔した太郎と次郎が出てきました。

三郎が拾った赤いおわんで、ぬまの水を兄たちに飲ませると、二人はたちまち元気になりました。

三人は、山を下りました。母親は、ならなしの実を食べると、すっかり元気になりました。

それからは、親子そろって幸せにくらしたということです。

（大阪書籍　小学国語　4年（上）　峠　兵太）

上の文章を読んで、答えましょう。

(一) 三郎は、どの側から、ならなしの木に登ったのでしょうか。（10）

（　　　　）

(二) ならなしの実は、どんな実だったのでしょうか。（10）

（　　　　）

(三) なぜ、まものがあらわれたのですか。（10）

（　　　　）

(四) ① まものは三郎に、何で、どこを切られましたか。（10×2）

（　　　　）（　　　　）

② 切られたまものは、どうなりましたか。

（　　　　）

(五) 太郎と次郎は、どこから出てきたのですか。（10）

（　　　　）

(六) 次の三人が元気になったのは、なぜですか。（10×2）

太郎
次郎（　　　　）

母親（　　　　）

(七) ⓐⓘの言葉は、それぞれ何を指していますか。（10×2）

ⓐ そのとおり（　　　　）

ⓘ そうして（　　　　）

名前

風のゆうれい

(1)

名前

家の周りで風がうなり、雲がちぎれて飛ぶような日は、耳にいろいろな音が聞こえてきます。えんとつの風あながガラガラと鳴り、ドアがバタンとしまり、まどもカタカタと音をたてています。けれども、とっ風ととっ風の合間に、風がひっそりと静まることがあります。そんなときには、風を追いかけるゆうれいのパタパタという足音が聞こえるかもしれません。(ア)これは、そんなゆうれいのお話です。

昔々、二人の友達が運をためそうと旅に出ました。最初の日に、二人は大きな川に出ましたが、どうやってわたればいいかわかりません。そこで川岸にそって歩いていくと、今にもくずれそうな小さな小屋がありました。中には一人のおばあさんがいて、ほねの首かざりを作っていました。

「おばあさん、この川はどうやったらわたれるでしょうか？」

と、二人はたずねました。

おばあさんは、まるでビーズのようにほねを糸でつなぎながら、こう言いました。

「川をわたるには、二つの方法がありますよ。ア一つはかかりませんがね、イもう一つはかかりますよ。」

「どういうことでしょうか？」

二人がたずねると、おばあさんは答えました。

「一つは、泳ぐんです。(イ)これなら、ただでわたれます。もう一つは、ここを真夜中に出る船に乗るんですが、こっちは船ちんがかかりますよ。船に乗ったら、船頭がほしいというものが何であれ、あげなくちゃいけないんですからね。」

「ぼくはぬれるのはいやだな。船に乗ろう。」

二人のうち、ジョナサンという名前の男が言いました。

「船頭が何をほしがるかわかったもんじゃない。ぼくは泳ぐよ。」

と、デイビッドが言いました。

そこで二人は、次の日に向こう岸でまた会うことにしました。デイビッドは、持ち物を全部シャツにくるんで、(ウ)それを頭に乗せると、泳いで川をわたりました。大きな川だったので、ずいぶん下流まで流されましたが、なんとか向こう岸に泳ぎ着きました。デイビッドが火をもやして待っていると、やがてジョナサンがやってきました。

「それで、船頭は何がほしいと言った？」

と、デイビッドがたずねました。

「ああ……月がほしいと言ったんだ。」

と、ジョナサンは答えました。

「それで、どうしたんだい？」

「ああ……ぼくはコップを取り出して川の水をすくうと、(エ)それを船頭にわたしたよ。コップの中をのぞいてみると、月が明るくかがやいていた。」

（大阪書籍　小学国語　4年（下）　テリー＝ジョーンズ　さくまゆみこ訳）

風のゆうれい (1)

名前（　　　　）

「風のゆうれい」(1)を読んで、答えましょう。

(一) いろいろな音が聞こえてくる日は、どんな日ですか。(5)

（　　　　）

(二) 風を追いかけるゆうれいの足音が聞こえるかもしれないのは、どんなときですか。(5)

（　　　　）

(三) 二人が旅に出た目的は何ですか。(10)

（　　　　）

(四) 二人は、おばあさんに何を聞いたのですか。(10)

（　　　　）

(五) ア 一つはかかりませんがね、とありますが、何がかからないのでしょう。また、それはどんな方法ですか。(5×2)

かからないもの（　　　　）

川をわたる方法（　　　　）

(六) イ もう一つはかかりますよ。とありますが、何がかかるのでしょう。また、それはどんな方法ですか。(5×2)

かかるもの（　　　　）

川をわたる方法（　　　　）

(七) 船に乗ったのは、だれですか。(5)

（　　　　）

(八) 泳いだのはだれで、どうして泳ぐことにしたのでしょうか。(5×2)

だれ（　　　　）

どうして（　　　　）

(九) 向こう岸に先に着いたのは、だれですか。(5)

（　　　　）

(十) ① 船頭がほしいと言ったものは何ですか。(5×2)

（　　　　）

② 船頭がほしいと言ったものを、ジョナサンはどのようにしてあげたのですか。

（　　　　）

(十一) ㋐～㋓は、それぞれ何を指していますか。(5×4)

㋐これ（　　　　）

㋑これ（　　　　）

㋒それ（　　　　）

㋓それ（　　　　）

風のゆうれい

(2)

二人は旅を続け、二日目には深い谷にさしかかりました。ほらあなの外に、小さなおじいさんがすわっています。

㋐「この谷は、どうやったらわたれるでしょうか？」

と、二人はたずねました。

「方法は二つじゃ。一つは一分しかかからんが、もう一つは、一か月かかるな。」

「どういうことでしょうか？」

㋑「一つは谷のふちをぐるっと回る方法じゃ。ア<u>これ</u>には、一か月かかる。イ<u>もう一つ</u>は、この山にすむ、ワシのせなかに乗せてもらう方法じゃ。［①］、そのためには、とちゅうで、ワシの質問(しつもん)に答えなけりゃならん。答えられないと、谷底へふり落とされるんじゃ。」

㋒「ぼくはウ<u>あぶない目</u>にはあいたくないな。一か月かかっても、谷のふちを回るほうがいい。」

と、デイビッドは言いました。

㋓「ぼくはどんな質問だって答えられる。ワシのせなかに乗ることにしよう。」

と、ジョナサンは言いました。

［②］、二人は一か月先にまた会う約束をしました。デイビッドは、歩いて歩いて歩き続け、一か月かかって谷のちょうど向こう側の約束の場所に着きました。そこには無事に着いたジョナサンが待っていました。

「ワシの質問は何だった？」

と、デイビッドは聞きました。

「ああ……、真冬に夏のお日様を見つけるには、どうしたらいいか、と聞かれたよ。」

「それで、何と答えた？」

「ああ……、草の葉っぱをさがせと答えたんだ。植物はみんな、葉っぱに夏のお日様をためこんでいるからね。」

（大阪書籍　小学国語　4年（下）　テリー＝ジョーンズ　さくまゆみこ 訳）

名前

上の文章を読んで、答えましょう。

(一) ㋐の言葉は、だれにたずねているのですか。(10)

(二) ア<u>これ</u>は、何を指しますか。(10)

(三) ① イ<u>もう一つ</u>は、どんな方法ですか。(10×2)

② その方法は、谷をわたるのに、どれくらい時間がかかりますか。

(四) ウ<u>あぶない目</u>とは、どんなことでしょうか。(10)

(五) ㋑〜㋓の中で、デイビッドとジョナサンが言った言葉は、それぞれどれでしょうか。(5×2)

デイビッド（　・　）　ジョナサン（　　）

(六) ①・②の［　］に入る言葉を、［　］から選んで書きましょう。(5×2)

①（　　）　②（　　）

ちょうど・そこで・しかし・そこには

(七) 約束の場所に、先に着いたのは、だれですか。(10)

(八) ① 真冬に夏のお日様を見つける方法について、何と答えましたか。(10×2)

② なぜ、そう答えたのですか。

風のゆうれい

(3)

名前

二人はまた旅を続け、やがて海辺に出ました。年をとった水夫がいたので、どうやったら海をわたれるかとたずねました。

「方法は二つあるな。一つはきけんで、一つは安全だ。」

と、水夫は言いました。

「どういうことでしょうか?」

「一つは、船に乗る方法さ。海は深いし、あらしや高波や海のかいぶつにもおそわれる。きけんだらけだわい。もう一つは、海のまほう使いをたずねて、まほうでわたしてもらう方法さ。安全は安全だがな、わたしてもらいたかったら、まずまほう使いの言うことを聞かなくちゃならん。」

「ぼくは船で行くよ。まほう使いの言うことを聞くくらいなら、海のきけんと戦うほうがいいもの。」

と、デイビッドは言いました。

「まほう使いが何を言おうと、ぼくにはきっとできると思うんだ。まほうでわたしてもらうことにするよ。」

そこでジョナサンは、まほう使いのところへ行き、言われたことは何でもやるとちかいました。

㋐「やってもらいたいことは、一つだけだ。月をくれてやったり、真冬に夏のお日様がどこにいるかを知っている者なら、かん単にできることだよ。」

㋑「で、何をすればよいのでしょうか?」

と、ジョナサンが聞きました。

「風をつかまえることさ。」

と、まほう使いは言いました。

ちょうどそこへはまからそよ風がふいてきたので、ア ジョナサンは追いかけていきました。

さて、デイビッドのほうは船をこしらえて、ほをはりました。風がふくと船は進みました。ときには風がふきつのってあらしになったり、ちがう方向へ流されたりしました。また、雨や寒さや海のかいぶつとも戦いました。けれどもとうとう、向こうの陸地に着きました。デイビッドはイそこに風車を建て、羽を風で回してもらって、粉屋になりました。お金持ちにはなれませんでしたが、食べる物にはこまらず、わたしの知るかぎり、デイビットは幸せにくらしました。

けれどもジョナサンは、風をつかまえることができませんでした。それで今でも風を追いかけているのです。あらしの最中に風がいっしゅんやんだようなとき、パタパタという足音が聞こえるはずです。風をつかまえることも休むこともできないジョナサンは、風のゆうれいになってしまったのです。そして、わたしは、それはそれできっと幸せなのだと思いますよ。

(大阪書籍 小学国語 4年(下) テリー＝ジョーンズ さくまゆみこ訳)

風のゆうれい (3)

名前

「風のゆうれい」(3)を読んで、答えましょう。

(一) 二人は海辺で、水夫に何をたずねましたか。(7)

（　　）

(二) 水夫の言った二つの方法を、（　）にわかりやすくまとめましょう。(5×4)

① 一つは（　　）方法

きけんなことは、（　　）

② もう一つは（　　）方法

安全なかわりに（　　）

(三) デイビッドは、(二)の①・②のうち、どちらの方法をとりましたか。番号で答えましょう。また、その理由も書きましょう。(5×2)

方法（　　）

理由（　　）

(四) ㋐・㋑は、それぞれだれが言った言葉ですか。(5×2)

㋐（　　）

㋑（　　）

(五) ㋐ジョナサンは追いかけていきました。とありますが、何を追いかけていったのでしょうか。(5)

（　　）

(六) デイビッドが向こうの陸地に着くまでに、どんな大変なことがありましたか。二つ書きましょう。(9×2)

（　　）

（　　）

(七) ㋑そこは、何を指していますか。(5)

（　　）

(八) デイビッドは、何のために風車を建てたのでしょうか。(5)

（　　）

(九) 風がいっしゅんやんだようなときに聞こえる、パタパタという足音は、だれが何をしている足音でしょう。(5)

（　　）

(十) ジョナサンは、今どうしているのでしょうか。(10)

（　　）

(十一) 風をつかまえることができたのは、だれだったのですか。(5)

（　　）

名前（　　　　　　　　　　）

（原稿用紙（15マス×15行）141%拡大）

思考力・表現力・活用力を高め、
よりPISA型をめざした

全文読解力問題

三つのお願い (1)

名前

こんなことがあるとお願いがかなうって、よく言うよね。わたしが知ってるのに、こんなのがあるんだ。一月一日に、自分が生まれた年にできた一セント玉を拾うと、三つのお願いがかなうっていうの。まさかと思うかもしれないけど、これは、わたしに起こったほんとの話なんだ。

最初のお願いは、一セント玉を拾ったときに、すぐ使っちゃった。

友だちのビクターといっしょに散歩していたときのこと。二人とも、クリスマスにもらった新しいブーツをはいて、新しいぼうしをかぶって、マフラーをまいていた。わたしは、雪の中にぴかぴか光っている物を見つけた。

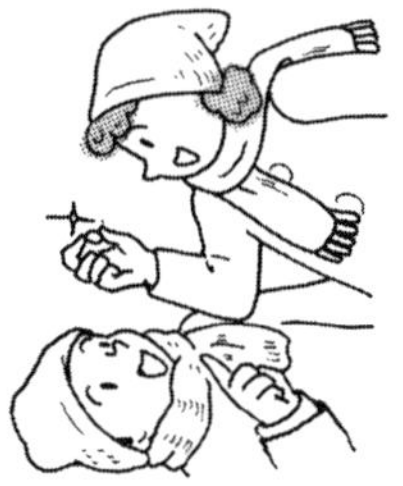

「レナ。あれ、なんだろう。」

ビクターがきいた。

「お金みたいよ。」

そう言って拾ってみると、わたしが生まれたのと同じ年にできた一セント玉だった。

「レナ、運がいいぞ。同じ年の一セント玉を拾うなんてさ。ついてるじゃないか。何をお願いするんだ。」

「そうねえ。お願いっていえば、この寒さ、なんとかならないかなあ。」

ほんのじょうだんだったのに、ひょいとお日様が顔を出した。

どんぴしゃり。お願いがかなった。

そうなると、これはちょっと考えなきゃ、という気になった。

家にもどりながら、わたしの頭の中は、ほんとにお願いがかなうのかなとか、だったら何をお願いしようかなとか、とにかく一セント玉のことでいっぱいだった。

家に着くと、ママがちょうどリビングにいた。

「散歩はどうだった、ノービイ。」

ママがきいた。

わたしは「楽しかったよ。」、ビクターは「おじゃまします。」と声をかけて、いっしょにおくのキッチンへ行った。

わたしの名前はゼノビア。みんなには、ノービイとよばれている。でも、ビクターだけは別。わたしのことをレナってよぶ。レナ＝ホーンという女優（ゆう）の名前をとって、レナ。なぜかっていうと、わたしは大きくなったらハリウッドに行って、えいがに出て歌を歌うつもりだから。そのときには、ビクターにもついてきてもらおうと思ってる。親友だからね。

（光村図書　国語　4年（上）　かがやき　ルシール＝クリフトン　作　金原瑞人　訳）

三つのお願い

(2)

名前

キッチンの中は、ほかほかあたたかかった。わたしたちはテーブルに着くと、だれにも聞かれないように、こっそり話し合った。

「レナ、あと二つお願いがのこってるぞ。」

「本気で、この一セント玉に何かあると思ってるの。」

「あったりまえだろ。君が、寒いのがなんとかならないかなあって言ったら、とたんにお日様がとんできたじゃないか。」

「本気でそう思ってるの。」

「君は、なんにもしんじないわけ。」

「わたしはね、あんたみたいに、なんでもかんでも、ころっとしんじたりしないだけよ。」

「へんだぜ、そんなの。」

「へんって、だれがへんなのよ。」

「自分のことに決まってるだろ。へんなゼノビア。」

わたしはいすからとび上がった。

「あんたみたいな人、ここにいてほしくない。帰ってよ。」

そのとたん、ビクターもとび上がって、キッチンからとび出したかと思うと、コートをつかんで、表へかけ出した。

どんぴしゃり。お願いがかなった。

ああ、全く、いやになっちゃう。わたしはいすにすわり直して、やれやれと首をふった。また、お願いをむだにしちゃった。あと一つしかのこっていない。

ママがキッチンに入ってきて、わたしの方を見た。

「ゼノビア、ビクターと何かあったの。」

ママがわたしを「ゼノビア」と、かしこまってよぶのは、おこっているときだ。

「別に。いっしょに遊んでただけよ、ママ。」

「それじゃあ、なんで、あんなふうにとび出していったの。」

「知らない。ビクターって、ああいうやつなのよ。」

「おまえ、あの子に意地悪したんじゃないでしょうね。おまえはときどき、意地悪になることがあるから。」

「意地悪なんかしてないもん。それより、ねえママ、どんな望みでもかなえてあげるって言われたら、ママは何をお願いする。」

（光村図書　国語　4年（上）かがやき　ルシール＝クリフトン　作　金原瑞人（かねはらみずひと）訳）

三つのお願い

(3)

名前

ママは、テーブルの前のいすにすわって、塩の入ったびんをいじった。

「それ、どういうこと、ノービィ。」

「だから、お願いを何か一つかなえてもらえるとしたら、何をお願いする。」

ママは、塩のびんをこしょうのびんの横にきちんとならべてから、まじめな顔になった。なんだか古くさいことを言いだしそうな感じだ。

「いい友だちよ、ノービィ。この世でいちばん大切なものは友だちだもの。そう、いい友だち。」

ママはそう言って、テーブルに出ているものを、またいじり始めた。

へえ、意外。ママがそんなことを言うなんて。大人って、ふつうはお金とか、いい車とか、そういうものをほしがるもんだとばかり思ってた。ママは、びっくりするようなことをよく言う。

わたしは、いすから立ち上がってコートを着ると、表に出て、家の前のかいだんにすわった。そして、ビクターのことを考え、二人で遊んだときのことを考えた。

えいがに行くときも、歌の練習をするときも、ボール遊びをするときも、いつもいっしょだった。二人で、あちこちがきらきら光っている、ダイヤモンドみたいな大きな石を見つけたこともある。二人でいっしょに、学校全体の絵をかいたこともある。ビクターは、すっごくいい友だちだ。わたしのひみつを、ほかの人に話したりしないし。あんな友だちは、なかなかいない。

「いい友だちがいなくなって、さびしいよ。もどってきてくれないかな。」

わたしは、一セント玉をぎゅっとにぎりしめて、小声でそっと言った。なんだか悲しくてしようがなかった。

そうしたら、だれかがこっちを見て、にこにこしながら、すごいいきおいで走ってきた。

どんびしゃり。お願いがかなった。

(光村図書　国語　4年（上）かがやき　ルシール＝クリフトン　作　金原瑞人（かねはら みずひと）訳)

三つのお願い

かい答用紙1

名前

「三つのお願い」(1)・(2)・(3)を読んで、答えましょう。（かい答用紙二枚）

(一)

① このお話の主人公の正式な名前は、何ですか。(8)

② ①の名前以外に、主人公は何とよばれていますか。二つ書きましょう。(6×2)

③ 正式な名前でよばれている場面が二か所あります。だれに、どんな場面でよばれましたか。(10×2)

(二)

① ビクターは、主人公のことを何とよびますか。(10)

② なぜビクターは、①のようによぶのですか。(10)

(三)

① ママのいちばん大切なお願いは、何ですか。(10×4)

② ママのいちばん大切なお願いを聞いて、主人公はビクターのことをどう思いましたか。

③ あなたのいちばん大切なお願いは、ママと同じですか。それとも、ちがいますか。自分のいちばん大切なお願いを書いてみましょう。

④ なぜそのお願いを選びましたか。理由を書きましょう。

三つのお願い

かい答用紙②

名前

「三つのお願い」(1)・(2)・(3)を読んで、答えましょう。（かい答用紙二枚）

(一) ゼノビアが一セント玉にした三つのお願いは、それぞれどんなお願いでしたか。また、そのお願いがかなうと、どうなりましたか。表にまとめましょう。（10×6）

	どんなお願いか	お願いがかなって、どうなったか
一つ目		
二つ目		
三つ目		

(二) ゼノビアとビクターは、どんなことで言い合いになりましたか。（10）

（　　　　）

(三) ゼノビアに「何か一つかなえてもらえるとしたら、何をお願いする。」と聞かれて、ママはなぜ、「いい友だちよ、ノービィ。この世でいちばん大切なものは友だちだもの。そう、いい友だち。」と答えたのだと思いますか。あなたの考えを書きましょう。（10）

（　　　　）

(四) ゼノビアにとって、ビクターはどんな友だちですか。（10）

（　　　　）

(五) あなたは、どんな友だちがほしいですか。（10）

（　　　　）

こわれた千の楽器　(1)

名前

ある大きな町のかたすみに、楽器倉庫がありました。そこには、こわれて使えなくなった楽器たちが、くもの巣をかぶって、ねむっていました。

あるとき、月が倉庫の高まどから中をのぞきました。

「おやおや、ここはこわれた楽器の倉庫だな。」

その声で、今までねむっていた楽器たちが目をさましました。

「いいえ、わたしたちは、こわれてなんかいません。働きつかれて、ちょっと休んでいるんです。」

チェロが、まぶしそうに月をながめて言いました。そして、あわてて、ひびわれたせなかをかくしました。

「いやいや、これはどうも失礼。」

月は、きまり悪そうに、まどからはなれました。町は、月の光につつまれて、銀色にかすんでいます。

月が行ってしまうと、チェロは、しょんぼりとして言いました。

「わたしは、うそを言ってしまった。こわれているのに、こわれていないなんて。」

するとすぐ横のハープが、半分しかないげんをふるわせて言いました。

「自分がこわれた楽器だなんて、だれが思いたいものですか。わたしだって、夢の中では、いつもすてきなえんそうをしているわ。」

「ああ、もう一度えんそうがしたいなあ。」

ホルンが、すみの方から言いました。

「えんそうがしたい。」

トランペットも横から言いました。

「でも、できないなあ。こんなにこわれてしまっていて、できるはずがないよ。」

やぶれたたいこが言いました。

「いや、できるかもしれない。いやいや、きっとできる。たとえば、こわれた十の楽器で、一つの楽器になろう。十がだめなら十五で、十五がだめなら二十で、一つの楽器になるんだ。」

ビオラが言いました。

「それは名案だわ。」

ピッコロが言いました。

「それならぼくにもできるかもしれない。」

もっきんがはずんだ声で言いました。

「やろう。」

「やろう。」

バイオリンやコントラバス、オーボエ、フルートなども、立ち上がって言いました。

（東京書籍　新編　新しい国語　4年（上）　野呂　昶）

こわれた千の楽器 (2)

名前

楽器たちは、それぞれ集まって練習を始めました。

「もっとやさしい音を！」

「レとソは鳴ったぞ。」

「げんをもうちょっとしめて……。うん、いい音だ。」

「ぼくはミの音をひく。君はファの音を出してくれないか。」

毎日毎日練習が続けられました。そして、やっと音が出ると、

「できた。」

「できた。」

おどり上がって喜びました。

ある夜のこと、月は、楽器倉庫の上を通りかかりました。すると、どこからか音楽が流れてきました。

「なんときれいな音。だれがえんそうしているんだろう。」

月は、音のする方へ近づいていきました。それは、前にのぞいたことのある楽器倉庫からでした。そこでは、千の楽器がいきいきと、えんそうに夢中(むちゅう)でした。こわれた楽器は、一つもありません。一つ一つがみんなりっぱな楽器です。おたがいに足りないところをおぎない合って、音楽をつくっているのです。

月は、音楽におし上げられるように、空高く上っていきました。
「ああ、いいなあ。」
月は、うっとりと聞きほれました。そして、ときどき思い出しては、光の糸を大空いっぱいにふき上げました。

（東京書籍　新編　新しい国語　4年（上）　野呂昶）

こわれた千の楽器 (1)(2)

名前（　　　　）

「こわれた千の楽器」(1)・(2)を読んで、答えましょう。

(一) このお話の主人公(中心になる人やもの)は、だれですか。 (10)

（　　　　）

(二) このお話に出てきた楽器の名前をすべて書きましょう。 (10)

（　　　　）

(三) ① チェロは、月にうそをついてしまったことに対して、どう思っているでしょう。あなたの考えに合うものに○をしましょう。 (10)

（　）うそをついてしまったことを、後かいしている。

（　）うそをついてしまったことは、仕方なかったと思っている。

（　）うそをついたことは悪いと思っているが、月にもはらを立てている。

② なぜ、それに○をしたのですか。理由を書きましょう。 (10)

（　　　　）

③ チェロの言ったことに対して、どんな楽器が、何と言いましたか。 (10)

（　　　　）

(四) ① えんそうをもう一度したいと言い出したのは、だれとだれですか。 (5×2)

（　　）と（　　）

② えんそうはできないと言ったのは、だれですか。また、どんな理由からできないと言ったのですか。 (5×2)

だれ（　　）

理由（　　　　）

③ えんそうをするための名案を、だれが言いましたか。また、その名案とは、どんなことですか。 (5×2)

だれ（　　）

名案とは（　　　　）

(五) ① 千の楽器のえんそうがとてもきれいなのは、どんなことに気をつけて、えんそうしているからでしょうか。 (10)

（　　　　）

② やぶれたたいこは、どんなことに気をつけて、えんそうしたと思いますか。考えて書きましょう。 (10)

（　　　　）

やい、とかげ　(1)

名前

ぼくは自転車をなくした。だれのせいでもない。ぼくが悪い。自転車のかぎをかけないで、文ぼう具屋の前に止めておいた。ろう石を買って店から出てきたら、自転車はどこにもない。手品みたいに真昼の道路から消えてしまった。

「だらしがないったらありゃしない。」

家に帰って母さんに話したら、母さんはかんかんになっておこった。

「物をなくしたからって、すぐ新しい物を買ってもらえると思ったら、大まちがいよ。」

母さんは、それきり、自転車の話はしなくなった。

次の日、学校から帰ると、いつものようにのぶちゃんが遊びに来た。

いつものように自転車に乗ってきた。

いつものように自転車に乗ったまま、ベルを鳴らしてぼくをよんだ。

ぼくは、いつものようにげんかんの戸を開けて出ていった。

「東町公園へ野球に行くよ。早く、早く！」

けれど、ぼくは、のぶちゃんといっしょに行かなかった。行かなかったのではなくて、行けなかった。

自転車の二人乗りは学校で禁止されていたし、東町公園まで歩いていくには一時間かかった。

「じゃあな。」

のぶちゃんは、行ってしまった。

ぼくは、自転車のベルを鳴らして角を曲がるのぶちゃんを、見送った。

お日様は、ぼくの頭の真上にある。一日は、やっと半分終わったところだ。自転車なしで、あとの半分をどうしよう。

ぼくの家のとなりの原っぱを、お日様が明るく照らしている。日かげに立っているぼくにはまぶしく見える。

まるで、照明に照らし出された学校のホールのぶたいだ。これから学芸会が始まるみたいだし、もう終わってしまったみたいでもある。

ぼくは原っぱへ入っていった。

ポケットに手を入れると、ろう石が出てきた。

ちぇっ、ろう石なんか買いに行かなければ、ぼくは今ごろ東町公園で野球をしていただろうな。ぼくがいなくて、だれがピッチャーをやっているんだろう。こんなろう石、すててしまえ。

ぼくは、ろう石を原っぱのすみに投げてしまおうと、ピッチャーのポーズをとった。

するとぼくはだれかの横目を感じた。

ぼくを見ていたのは、石の上の一ぴきのとかげだった。

「やい、自転車をなくしていい気味だぞ。」

とかげの横目はそう言っていた。

生意気なとかげをおどろかせてやろうと、ぼくはとかげのいる石にろう石を投げた。

ナイスピッチングだ。ろう石は石に当たった。

けれど、それだけではなかった。石に当たったろう石はバウンドして、とかげに当たった。

ぼくは息をのんだ。

石の上に、とかげのしっぽだけが残った。残ったしっぽはしばらく動いていたけれど、やがて動かなくなった。

ぼくはしっぽをぶら下げた。

（教育出版　ひろがる言葉　小学国語　4年（上）　舟崎　靖子）

やい、とかげ

(2)

名前

なんて原っぱは静かなんだろう。世界じゅうの人たちは、みんな自分の自転車に乗って、どこかへ遊びに行ってしまったんだ。世界じゅうは空っぽ。ぼくは空っぽな世界のまん中に、ひとりぼっちで立っている。


さくらの花がいちばんきれいにさいた日、明るい花の下で、ぼくはのぶちゃんと友だちになった。

あの日も、ぼくは自転車に乗っていた。

ざりがにをつりに行った日、どろやなぎの葉が風に光る川原で、ぼくはのぶちゃんと待ち合わせをした。

あの日も、ぼくは自転車に乗っていた。

まつの実、しいの実、どんぐりの実、いろんな実のふる音の中を、ぼくはのぶちゃんとどこかへ急いでいた。

あの日も、ぼくは自転車に乗っていた。

冬休みに入ったさいしょの日、ぼくはのぶちゃんと学校へ遊びに行った。

ふながねむる、こいがねむる、たにしがねむる池を、ぼくとのぶちゃんはいつまでものぞきこんでいた。

あの日も、ぼくは自転車に乗っていた。


一か月たってから、ぼくの自転車が出てきた。どろまみれになって、町の外れの公園に乗りすててあった。

その日から、ぼくは学校から帰ってくると、すぐに自転車に乗って野球をしに行くぼくになった。

一度遊びに行ったら夕方まで帰らない、自転車をなくす前のぼくになった。

一か月も二か月も、あっというまにすぎた。

その日は、のぶちゃんがなかなかよびに来なかった。

ぼくは待ちきれなくて、自転車に乗ってとなりの原っぱでのぶちゃんを待った。

すると、ぼくは、だれかの横目を感じた。それは、石の上の一ぴきのとかげだった。

ぼくは自転車を止めた。

とかげは、ぼくの方に生えたてのしっぽを投げ出して、「見ろよ！」というように、横目でぼくを見ている。

「見ろよ！」

ぼくも自転車のベルを鳴らした。

「おうい。」

のぶちゃんが、自転車に乗ってやってくるのが見えた。

「おうい、ここだよ。」

ぼくは、自転車をこいで原っぱを出た。

ふり返ると、石の上に、とかげはもういなかった。とかげのいない石がまぶしかった。

やい、とかげ、せっかく生えたしっぽ、なくすなよ。

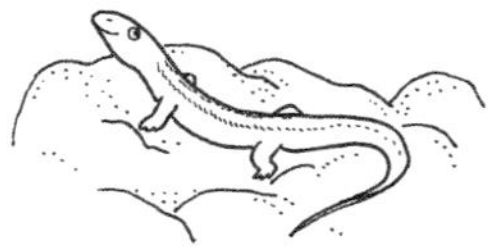

（教育出版　ひろがる言葉　小学国語　4年（上）　舟崎靖子）

やい、とかげ (1)(2)

名前

「やい、とかげ」(1)・(2)を読んで、答えましょう。

(一) ① このお話の主人公は、だれですか。(5)

（　　）

② ほかに出てくるものをすべて書きましょう。(5)

（　　）

(二) ① はじめ、とかげに出会ったのは、自転車をなくしてからどのくらいたったころですか。(3)

（　　）

② ぼくがのぶちゃんと友だちになってから、どのくらいたちますか。(4)

（　　）

(三) ① ぼくが自転車に乗れなかったのは、どのくらいの間ですか。(3)

（　　）

② ①の間、ぼくは学校から帰ると、どのようにすごしていたと思いますか。ぼくになったつもりで書きましょう。(10)

（　　）

(四) 『「やい、自転車をなくしていい気味だぞ。」とかげの横目はそう言っていた。』とありますが、なぜぼくには、そう思えたのでしょうか。ぼくになったつもりで書きましょう。(10)

（　　）

(五) ① ぼくが自転車をなくしたときの様子を説明しましょう。(10)

（　　）

② とかげがしっぽをなくしたときの様子を説明しましょう。(10)

（　　）

(六) ① しっぽが生えたてのとかげに出会ったときの、ぼくの気持ちはどれでしょう。当てはまると思うもの一つに、○をしましょう。(10)

うれしい・よかった・はらがたつ・くやしい・かなしい・なつかしい・さみしい・生意気だな

② なぜ、それに○をしたのか、理由を書きましょう。(10)

（　　）

(七) ① このお話に副タイトルをつけるとしたら、次の㋐～㋒のうち、どれがよいと思いますか。○をつけましょう。どれも当てはまらないと思う場合は、㋓に○をして、□に自分の意見を書きましょう。(10)

㋐（　）ぼくの友だち、のぶちゃん　㋑（　）ぼくと自転車　㋒（　）のぶちゃんと自転車

㋓（　）

② なぜ、その副タイトルをつけましたか。理由を書きましょう。(10)

（　　）

ポレポレ

(1)

名前

友達のピーターが、けがをして入院したので、ぼくは、毎日のように、病院へ行っている。その病院は変わった病院で、かんごふさんも、かん者さんも、

「ジャンボ！」

と、スワヒリ語であいさつをする——。


ぼくの名前は田代友樹。高渡小学校、四年一組。

ピーターは新学期と同時に、ぼくのクラスに転校してきた。

最初、ピーターが、小松先生と教室に入ってきたとき、クラスのみんながおどろいた。

小松先生が、

「アフリカのケニアから来たお友達です。お父さんの仕事の関係で、ナイロビの学校から、日本にやってきました。」

と、ピーターをしょうかいした。

「ハロー、ぼくはピーター＝オンバーレです。ぼくのママは、にっぽんじんです。ことば、わかります。よろしくおねがいします。」

ピーターは、日本語であいさつした。

「ピーターは英語、日本語、スワヒリ語が話せるそうです。ピーター、スワヒリ語で『こんにちは』は、何て言うの。」

小松先生が聞くと、ピーターは大きな声で、

「ジャンボ！」

と言ったので、みんなは大笑いした。

とにかくピーターは、陽気で人なつっこいせいかくで、よくしゃべる男の子だった。

ピーターは、すぐにクラスの人気者になった。

ある日、ろうかを走っていた五、六人のグループに向かって、ピーターが言った。

「ポレポレでいこうよ。」

ポレポレというのは、スワヒリ語でゆっくりとか、のんびりという意味だそうだ。

日本語で「ろうかを走るな。」と言えば、「よけいなお世話だ。」と、けんかになるかもしれない。でもポレポレなら、なんとなくユーモアがあって、おもしろい。

それから、みんなはポレポレという言葉が気に入って、クラスじゅうではやりだした。

そのうちに学校じゅうで、だれもが「ポレポレ、ポレポレ。」と、口にするようになった。

ひどいときは、ちこくをしてきて、先生に「どうかしたの。」ときかれて、「ポレポレ。」とごまかしたり、何かをして最後に残った者には、ポレポレ賞という「名よ」（？）があたえられたりした。

ぼくもポレポレが気に入った。そして、ピーターのこともすきだった。

昼休み、ぼくは教室にいた。

「ともき！」

名前をよばれたのでふり向くと、ピーターが立っていた。

「グラウンドにいこう。」

ピーターは、ぼくのうでを引っぱった。

ぼくは、運動が苦手なので、つい、首を左右にふった。するとピーターは、

「そらをみにいこう。」

と、人さし指を天じょうに向けた。

運動場に出ると、大きい子や小さい子が遊んでいた。さけび声や笑い声が楽しそうだった。すーっと、ここちよい風が、ぼくのそばをすりぬけた。運動場の周囲の木々は、太陽の光を浴びて、わか葉がかがやいていた。そして、顔を上げると、つばさを広げて飛んで行きたいような、青い空があった。

※「ポレポレ」の教材は、東京書籍の十七年度版4年生国語教科書にも掲載されています。

（学校図書　みんなと学ぶ 小学校国語　4年(上)　西村まり子）

ポレポレ

(2)

名前

花だんの近くの岩の上に、ピーターがこしかけたので、ぼくも同じようにすわった。

「ぼくがすんでいた、ナイロビというところは、たかいビルもあるし、くるまもはしってる。にっぽんとおなじです。」

それから、ピーターは、世界で三番めに大きいビクトリア湖の近くでくらす、ルオ族の話をした。

ピーターのパパはルオ族の出身で、村には電気もガスも水道もない。人々はくらしのくふうをして、自然のままに生きている。

村人が病気になって、きとうしの所に行くと、不思議なひょうたんから声がして、薬を教えてくれるという、とても信じられないような話をした。

ぼくは、ピーターの話に引きこまれた。それは、ピーターが大切にしている、心のたから物のような気がした。

その日から、ピーターとぼくとは、いっしょにいることが多くなった。

二人で道を歩いていると、ピーターはだれにでも声をかけ、あいさつをする。

「ジャンボ、ハバリガニ(元気ですか)。」

「オー、ピーター、元気いっぱい、いっぱい。アサンテ(ありがとう)。」

ぼくはあきれてしまった。いつのまに、近所のおじいさんにスワヒリ語を教えたのだろう。

あしたから夏休み。うきうきしていたら、夜の八時ごろ、ピーターから電話がかかってきた。

「いずみが……、ゆくえふめいらしい。」

副クラス委員の、加倉(かくら)いずみのことだ。

「いま、いずみのママからでんわがあった。」

「ゆくえ不明って……。」

まさか、ゆうかい！　と、ぼくは思ったけど、口には出さなかった。

話が聞こえたのか、母さんが出てきた。

「友樹(ともき)、これから出かけるの。」

母さんが止めたけど、ぼくは家を出た。

どこをさがしたらいいのか。とりあえず、ピーターとぼくとは、駅に向かって歩いた。

すると、公園の暗がりで、急にピーターが足を止めた。

「ちょっとまって、うらないをするから。」

ピーターは地面にすわりこむと、なぞのような言葉を、ぶつぶつと唱えた。

数分たっただろうか、

「わかったよ。たかいところにいる。」

と言って、ピーターは立ち上がった。

高い所といっても……、ぼくはきょろきょろと周囲を見わたした。

「タワーのようなたてものは？」

ピーターは真けんだった。

ぼくは半分信じてなかったけど、考えた。

「うーん……。」

無人のてん望台がある。あれかな？

ぼくは駅の方向を指さした。

(学校図書 みんなと学ぶ 小学校国語 4年(上) 西村(にしむら) まり子)

ポレポレ ⑶

名前

駅の向こう側の、おかの上にてん望台はある。でも夜は暗くてだれも近づかない。

てん望台の下まで来ると、手入れをしてない草が、ぼうぼうと生えていた。

ピーターは、ライトを持って先に歩き、ぼくはかにかまれながら、後ろからついていった。

てん望台の中に入ると、お化けが出てきても不思議じゃないような暗さだった。柱にまきついたらせん階だんが、ぼくのこわさをふくらませた。

ぼくがピーターのＴシャツを引っぱるのと、ピーターがふり返ったのと、同時だった。

上の方から、女の子のすすり泣く声が聞こえた。

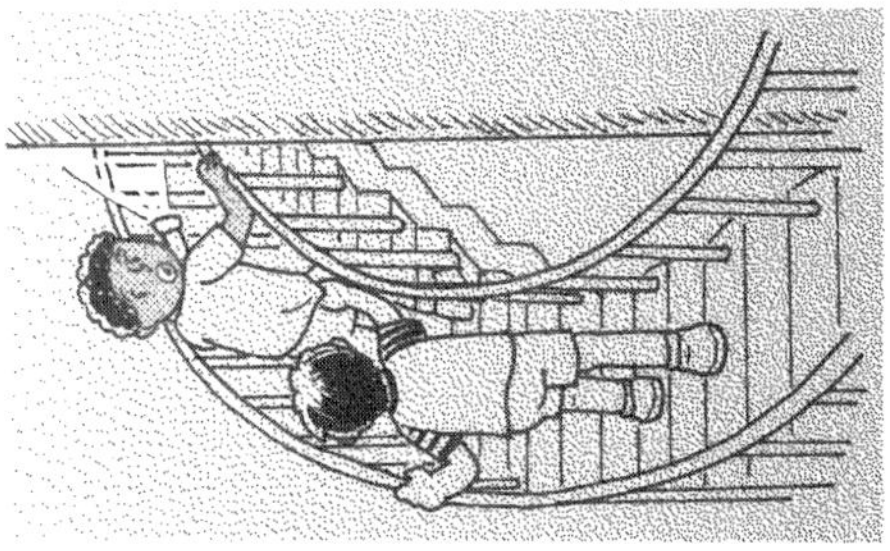

「いずみ！」

ピーターがさけぶと、

「ピーター？　ピーターなの！」

おどろきと喜びとが、いっしょになった声が返ってきた。

ピーターとぼくは、顔を見合わせた。

「いずみ、すぐにいきます！」

ピーターは、そう答えてから、ぼくにささやいた。

「うらないのこと、ひみつです。むらのそとでつかうと、ばちがあたるといわれてる。」

らせん階だんを上ると、待ちかねたいずみが、ピーターに飛びついてきた。

「ピーター……、こわかった、こわかったー。」

いずみの顔がみるみるうちにゆがんできた。

「だいじょうぶ、もうだいじょうぶ。」

ピーターは、いずみのせなかを軽くたたいた。

いずみの気持ちが落ち着くのを待って、ぼくは言った。

「どうして、こんな所にいるんだよ。」

いずみはピーターからはなれると、早口で答えた。

「おいていかれたのよ。ここからおもしろいものが見えるって、さそわれて。」

「だれに？」

ピーターがきくと、いずみは下を向いてつぶやいた。

「クラスの女の子……。」

いずみが高い所をこわがることは、作文で読んだから、クラスのみんなが知っている。

「あの子たち、わたしのことむかつくって。わたし、あの子たちと同じはんなの。給食当番のときや、体育道具のかたづけのとき、あの子たちおそいから、いつもきつく言ってた。早くしてよって。」

「しかえしされたのか？」

ぼくが言うと、ピーターがやさしく話をした。

「いずみは、なんでもはやくできます。でも、はやくできないひと、います。だれでも、にがてあります。せめたら、きずつくでしょう。ポレポレ、たいせつです。いそぐと、ひとのこと、かんがえられなくなります。」

とにかく帰ろうと、ピーターとぼくは、いずみの手をにぎって、らせん階だんを下りた。

（学校図書 みんなと学ぶ小学校国語 ４年(上) 西村まり子）

ポレポレ

(4)

名前

最後の一回りをすぎたところで、いずみが言った。

「ピーター、苦手なものあるの？」

「かみなり！　こわいです。」

ピーターがそう言うと、いずみが笑いだした。

そのとたん、いずみが足をすべらせた。ピーターもぼくも体がよろけて、ドドドッ、ドタンドタン、三人とも転がった。

いたっ、起き上がろうとしたぼくの体に、いたみが走った。うでと足には、大きなすりきずができて、血が出ていた。いずみも、

「いたーい。」

と言って、起きてきた。

「ピーター！」

ぼくはさけんだ。

ピーターは階だんの下で、たおれたままだった。

ぼくといずみが、ピーターのそばにかけよると、ピーターは右足を動かそうとして、「うっ」と声をあげた。

「ほねが……、おれたかもしれない。」

「えーっ！」

ぼくは、一しゅん、うらないのばちのことを思った。

「だれかよんでくる！」

ぼくはさけぶと、外に飛び出した。

通りに出ると、ぼくの前で、次々に四台の車が止まった。中からいずみの両親、クラスの三人の女の子、その親たちが、あわてた様子でおりてきた。ぼくは大声を出した。
「救急車！」

ピーターは、駅から近い西原病院に運ばれた。

けがは右足首のこっ折、入院することになった。

ぼくたちは、ピーターのおみまいが、夏休みの宿題になった。

クラスの三人の女の子たちは、泣きながらいずみにあやまり、

「まさか、あのままてん望台にいたなんて、信じられない。」

女の子の一人が言った。

いずみは何回も下りようとした。だけど、こわくて下りられなかったそうだ。

いずみが、

「わたし、クラス委員としてがんばろうと思って、無理してあせってたみたい。

これからは、ポレポレ、でいくから。」

ごめんなさい、と女の子たちと仲直りをした。

次の日、病室でみんなに囲まれて、ピーターが言った。

「ポレポレ、でなかよくやろうよ。」

病院はたいくつだろうと、ぼくは心配したけど、ピーターは、車いすを使って元気に動き回っていた。そして、かんごふさんやかん者さんをつかまえては、スワヒリ語を教えていた。

いまに病院じゅうでポレポレがはやりだす、そう思うと、ぼくは、おかしくてふき出した。

（学校図書　みんなと学ぶ 小学校国語　4年(上)　西村まり子）

ポレポレ (1)・(2) かい答用紙 一

名前

「ポレポレ」(1)・(2)を読んで、答えましょう。(かい答用紙二枚)

(一) 「ポレポレ」(1)・(2)に登場する人で、名前のわかる人を全部書きましょう。 (8)

(　　　　)

(二) このお話の主人公は、だれですか。 (5)

(　　　　)

(三) このお話に出てくるスワヒリ語の言葉と、その意味を書きましょう。 (5×4)

スワヒリ語		意味
(　　　　)	＝	(　　　　)
(　　　　)	＝	(　　　　)
(　　　　)	＝	(　　　　)
(　　　　)	＝	(　　　　)

(四) ピーターは、どこの国の、何という町からやって来たのですか。 (8)

(　　　　)

(五) ポレポレという言葉がはやり出したのは、どうしてですか。 (8)

(　　　　)

ポレポレ (1)・(2) かい答用紙 2

名前

「ポレポレ」(1)・(2)を読んで、答えましょう。

(六) ピーターがスワヒリ語を教えた相手には、どんな人たちがいますか。三つ書きましょう。(5×3)

(　　　　)

(　　　　)

(　　　　)

(七) 友樹がピーターに「グラウンドにいこう。」とさそわれた時のことについて、次の問いに答えましょう。(7×4)

① はじめ、友樹は、何をしに行くと思ったのですか。

(　　　　)

② ピーターは、何をしに行こうとさそったのですか。

(　　　　)

③ グラウンドに行った友樹は、どんな気分になったでしょうか。次の中から選んで○をつけましょう。

(　) いやいや出て行ったので、全然楽しくなかった。

(　) 運動が苦手なことがわかってしまったので、とてもいやな気分になった。

(　) とても気持ちがよくて、楽しい気分になった。

④ なぜ、それに○をしましたか。理由を書きましょう。

(　　　　)

(八) 「ピーターが大切にしている、心のたから物」のような気がしたのは、何ですか。(8)
文中から五文字で、ぬき書きしましょう。

ポレポレ (2)・(3)・(4) かい答用紙[一]

名前

「ポレポレ」(2)・(3)・(4)を読んで、答えましょう。(かい答用紙二枚)

(一) 「ゆくえ不明って……。」の「……」のところに言葉を入れるとしたら、どんな言葉を入れますか。 (8)

(　　　　　　)

(二) いずみをさがしに出かけたとき、二人が心の中で思ったことを想ぞうして、ふき出しに書いてみましょう。 (6×2)

(三) ぼくが、ピーターのT(ティー)シャツを引っぱったのは、どうしてですか。 (7)

(　　　　　　)

(四) (三)のように思えたのは、何が原いんですか。二つ書きましょう。 (6×2)

(　　　　　　)

(　　　　　　)

(五) ① 「ピーター？　ピーターなの！」と言ったときの、いずみの気持ちを考えて、ふき出しに書きましょう。 (8)

② ①でいずみの気持ちを考えるとき、参考にしたところを、文中からぬき書きしましょう。 (8)

(　　　　　　)

ポレポレ (2)・(3)・(4) かい答用紙②

名前

「ポレポレ」(2)・(3)・(4)を読んで、答えましょう。

(六) いずみがクラスの女の子たちに、てん望台に置いていかれたのは、どうしてですか。(8)

(　　　　　)

(七) いずみはどうして、自分でてん望台から下りてこなかったのですか。(8)

(　　　　　)

(八) ① ピーターはどんな子だと思いますか。三人の意見の中で、いちばん自分の考えに合っているものを一つ選んで、○をしましょう。(5)

(　) だれにでも声をかける。陽気で明るい子

(　) 人なつこくて、とても親切な子

(　) たくましく、勇気のある子

② なぜ、それを選びましたか。理由を書きましょう。(8)

(　　　　　)

(九) いずみは、仕返しをされたことについて、どう思っているでしょう。(8)

(　　　　　)

(十) あなたは、どんなときに、「ポレポレ」と言ってみたいですか。(8)

(　　　　　)

風のゆうれい (1)

名前

家の周りで風がうなり、雲がちぎれて飛ぶような日は、耳にいろいろな音が聞こえてきます。えんとつの風あながガラガラと鳴り、ドアがバタンとしまり、まどもカタカタと音をたてています。けれども、とっ風ととっ風の合間に、風がひっそりと静まることがあります。そんなときには、風を追いかけるゆうれいのパタパタという足音が聞こえるかもしれません。これは、そんなゆうれいのお話です。

昔々、二人の友達が運をためそうと旅に出ました。最初の日に、二人は大きな川に出ましたが、どうやってわたればいいかわかりません。そこで川岸にそって歩いていくと、今にもくずれそうな小さな小屋がありました。中には一人のおばあさんがいて、ほねの首かざりを作っていました。

「おばあさん、この川はどうやったらわたれるでしょうか？」

と、二人はたずねました。

おばあさんは、まるでビーズのようにほねを糸でつなぎながら、こう言いました。

「川をわたるには、二つの方法がありますよ。一つはかかりませんがね、もう一つはかかりますよ。」

「どういうことでしょうか？」

二人がたずねると、おばあさんは答えました。

「一つは、泳ぐんです。これなら、ただでわたれます。もう一つは、ここを真夜中に出る船に乗るんですが、こっちは船ちんがかかりますよ。船に乗ったら、船頭がほしいというものが何であれ、あげなくちゃいけないんですからね。」

「ぼくはぬれるのはいやだな。船に乗ろう。」

二人のうち、ジョナサンという名前の男が言いました。

「船頭が何をほしがるかわかったもんじゃない。ぼくは泳ぐよ。」

と、デイビッドが言いました。

そこで二人は、次の日に向こう岸でまた会うことにしました。デイビッドは、持ち物を全部シャツにくるんで、それを頭に乗せると、泳いで川をわたりました。大きな川だったので、ずいぶん下流まで流されましたが、なんとか向こう岸に泳ぎ着きました。デイビッドが火をもやして待っていると、やがてジョナサンがやってきました。

「それで、船頭は何がほしいと言った？」

と、デイビッドがたずねました。

「ああ……月がほしいと言ったんだ。」

と、ジョナサンは答えました。

「それで、どうしたんだい？」

「ああ……ぼくはコップを取り出して川の水をすくうと、それを船頭にわたしたよ。コップの中をのぞいてみると、月が明るくかがやいていた。」

（大阪書籍　小学国語　4年（下）　テリー＝ジョーンズ　さくまゆみこ訳）

風のゆうれい

(2)

名前

二人は旅を続け、二日目には深い谷にさしかかりました。ほらあなの外に、小さなおじいさんがすわっています。

「この谷は、どうやったらわたれるでしょうか？」

と、二人はたずねました。

「方法は二つじゃ。一つは一分しかかからんが、もう一つは、一か月かかるな。」

「どういうことでしょうか？」

「一つは谷のふちをぐるっと回る方法じゃ。これには、一か月かかる。もう一つは、この山にすむ、ワシのせなかに乗せてもらう方法じゃ。しかし、そのためには、とちゅうで、ワシの質問に答えなけりゃならん。答えられないと、谷底へふり落とされるんじゃ。」

「ぼくはあぶない目にはあいたくないな。一か月かかっても、谷のふちを回るほうがいい。」

と、デイビッドは言いました。

「ぼくはどんな質問だって答えられる。ワシのせなかに乗ることにしよう。」

と、ジョナサンは言いました。

そこで、二人は一か月先にまた会う約束をしました。デイビッドは、歩いて歩いて歩き続け、一か月かかって谷のちょうど向こう側の約束の場所に着きました。そこには無事に着いたジョナサンが待っていました。

「ワシの質問は何だった？」

と、デイビッドは聞きました。

「ああ……、真冬に夏のお日様を見つけるには、どうしたらいいか、と聞かれたよ。」

「それで、何と答えた？」

「ああ……、草の葉っぱをさがせと答えたんだ。植物はみんな、葉っぱに夏のお日様をためこんでいるからね。」

（大阪書籍　小学国語　4年（下）　テリー＝ジョーンズ　さくまゆみこ訳）

風のゆうれい

(3)

名前

　二人はまた旅を続け、やがて海辺に出ました。年をとった水夫がいたので、どうやったら海をわたれるかとたずねました。

「方法は二つあるな。一つはきけんで、一つは安全だ。」

と、水夫は言いました。

「どういうことでしょうか？」

「一つは、船に乗る方法さ。海は深いし、あらしや高波や海のかいぶつにもおそわれる。きけんだらけだわい。もう一つは、海のまほう使いをたずねて、まほうでわたしてもらう方法さ。安全は安全だがな。わたしてもらいたかったら、まずまほう使いの言うことを聞かなくちゃならん。」

「ぼくは船で行くよ。まほう使いの言うことを聞くくらいなら、海のきけんと戦うほうがいいもの。」

と、デイビッドは言いました。

「まほう使いが何を言おうと、ぼくにはきっとできると思うんだ。まほうでわたしてもらうことにするよ。」

　そこでジョナサンは、まほう使いのところへ行き、言われたことは何でもやるとちかいました。

①「やってもらいたいことは、一つだけだ。月をくれてやったり、真冬に夏のお日様がどこにいるかを知っている者なら、かん単にできることだよ。」

②「で、何をすればよいのでしょうか？」

と、ジョナサンが聞きました。

「風をつかまえることさ。」

と、まほう使いは言いました。

　ちょうどそこへはまからそよ風がふいてきたので、ジョナサンは追いかけていきました。

　さて、デイビッドのほうは船をこしらえて、ほをはりました。風がふくと船は進みました。ときには風がふきつのってあらしになったり、ちがう方向へ流されたりしました。また、雨や寒さや海のかいぶつとも戦いました。けれどもとうとう、向こうの陸地に着きました。デイビッドはそこに風車を建て、羽を風で回してもらって、粉屋になりました。お金持ちにはなれませんでしたが、食べる物にはこまらず、わたしの知るかぎり、デイビットは幸せにくらしました。

　けれどもジョナサンは、風をつかまえることができませんでした。それで今でも風を追いかけているのです。あらしの最中に風がいっしゅんやんだようなとき、パタパタという足音が聞こえるはずです。風をつかまえることも休むこともできないジョナサンは、風のゆうれいになってしまったのです。そして、わたしは、それはそれできっと幸せなのだと思いますよ。

(大阪書籍　小学国語　4年(下)　テリー＝ジョーンズ　さくまゆみこ訳)

風のゆうれい　(1)・(2)・(3)

名前

「風のゆうれい」(1)・(2)・(3)を読んで、答えましょう。

(一) このお話の主人公の名前を、二人書きましょう。(4×2)

(　　　　)と(　　　　)

(二) 主人公以外の登場人物(動物などもふくむ)を、全部書きましょう。(4×3)

① 人 (　　　　)

② 動物 (　　　　)

③ 人か動物かわからないがお話の中に出てくるもの (　　　　)

(三) 大きな川をわたる二つの方法について、表にまとめましょう。(5×8)

川をわたる二つの方法		
その方法の特ちょう		
だれがその方法でわたったか		
川をわたっているときのできごとや様子		

(四) 深い谷をわたる二つの方法について、表にまとめましょう。(5×8)

谷をわたる二つの方法		
その方法の特ちょう		
だれがその方法でわたったか		
谷をわたっているときのできごとや様子		

風のゆうれい

(1)・(2)・(3)

名前	

「風のゆうれい」(1)・(2)・(3)を読んで、答えましょう。

(一) 海をわたる二つの方法を、表にまとめましょう。 (5×8)

海をわたる二つの方法		
その方法の特ちょう		
だれがその方法でわたったか		
海をわたっているときのできごとや様子		

(二)
① 二人の主人公のうち、自分の力を信じてかい決する方法を選んで、旅を続けたのはだれですか。 (5)

② 他人の力を利用しながら、ちえを働かせてかい決しようとしたのはだれですか。 (5)

(三)
① もし、あなたが二人のような旅をするとしたら、ディビッドのような方法を選びますか。それとも、ジョナサンのような方法を選びますか。 (10)

② なぜ、それを選びましたか。理由を書きましょう。 (10)

(四) このお話のおわりに「そして、わたしは、それはそれできっと幸せなのだと思いますよ。」と書かれています。

① わたしとは、だれのことですか。 (5)

② だれが幸せなのですか。 (5)

③ 何が幸せなのですか。 (10)

④ あなたは、ジョナサンが風のゆうれいになったことを幸せだと思いますか。あなたの考えを書きましょう。 (10)

※本書にかかれている解答はあくまでも一例です。答えは、文意があっていれば、〇をして下さい。
「思ったこと」「考えたこと」などは様々なとらえ方があります。児童の思いをよく聞いて〇をつけて下さい。

P6

白いぼうし(1)

名前［　　］

「これは、レモンのにおいですか。」

ほりばたで乗せたお客のしんしが、話しかけました。

「いいえ、夏みかんですよ。」

信号が赤なので、ブレーキをかけてから、運転手の松井さんは、にこにこして答えました。

今日は、六月の初め。

ア夏がいきなり始まったような暑い日です。松井さんもお客も、白いワイシャツのそでを、うでまでたくし上げていました。

「ほう、夏みかんてのは、こんなににおうものですか。」

「もぎたてなのです。きのう、いなかのおふくろが、速達で送ってくれました。においまでわたしにとどけたかったのでしょう。」

「ほう、ほう。」

㋐「あまりうれしかったので、いちばん大きいのを、この車にのせてきたのですよ。」

信号が青に変わると、たくさんの車がいっせいに走りだしました。その大通りを曲がって、細いうら通りに入った所で、しんしはおりていきました。

（光村図書　国語　4年（上）かがやき　あまん　きみこ）

上の文章を読んで、答えましょう。

(一) 松井さんの職業は何でしょうか。

（運転手）

(二) ア夏がいきなり始まったような暑い日だということは、松井さんとお客のどんな様子でわかりますか。

（白いワイシャツのそでを、うでまでたくし上げていた。）

(三) ㋐はだれの言葉で、この車にのせてきたとは、何をのせてきたのでしょうか。

だれの言葉（松井さん）

何をのせてきたか（(いなかのおふくろが速達で送ってくれた、もぎたての)夏みかん）

※「白いぼうし」の教材は、大阪書籍・学校図書の十七年度版4年生国語教科書にも掲載されています。

6

P7

白いぼうし(2)

名前［　　］

アクセルをふもうとしたとき、松井さんは、はっとしました。

「おや、車道のあんなすぐそばに、小さなぼうしが落ちているぞ。風がもうひとふきすれば、ア車がひいてしまうわい。」

緑がゆれているやなぎの下に、かわいい白いぼうしが、ちょこんと置いてあります。松井さんは車から出ました。

［㋐］、ぼうしをつまみ上げたとたん、ふわっとイ何かが飛び出しました。

「あれっ。」

もんしろちょうです。あわててぼうしをふり回しました。ウそんな松井さんの目の前を、ちょうはひらひら高くまい上がると、なみ木の緑の向こうに見えなくなってしまいました。

（光村図書　国語　4年（上）かがやき　あまん　きみこ）

上の文章を読んで、答えましょう。

(一) ア車がひいてしまうわい。とありますが、何をひいてしまうのでしょうか。

（小さな(かわいい白い)ぼうし）

(二) ［㋐］に入る言葉を、［　］から選んで書きましょう。

［けれど・また・そして］

（そして）

(三) イ何かとありますが、何が飛び出したのでしょうか。

（もんしろちょう）

(四) ウそんなは、松井さんのどんな様子でしょう。

（あわててぼうしをふり回した。）

(五) もんしろちょうは、どうなったでしょうか。

（(ひらひら高くまい上がると、)なみ木の緑の向こうに見えなくなってしまった。）

7

P8

白いぼうし(3)

名前［　　］

「ははあ、わざわざここに置いたんだな。」

ぼうしのうらに、赤いししゅう糸で、小さくぬい取りがしてあります。

「たけやまようちえん
たけの　たけお」

小さなぼうしをつかんで、ため息をついている松井さんの横を、太ったおまわりさんが、じろじろ見ながら通りすぎました。

「せっかくのえものがいなくなっていたら、この子は、どんなにがっかりするだろう。」

ちょっとの間、かたをすぼめてつっ立っていた松井さんは、何を思いついたのか、急いで車にもどりました。

運転席から取り出したのは、あの夏みかんです。まるで、あたたかい日の光をそのままそめ付けたような、見事な色でした。すっぱい、いいにおいが、風で辺りに広がりました。

松井さんは、その夏みかんに白いぼうしをかぶせると、飛ばないように、石でつばをおさえました。

（光村図書　国語　4年（上）かがやき　あまん　きみこ）

上の文章を読んで、答えましょう。

(一) 「ははあ、わざわざここに置いたんだな。」とありますが、何が置いてあったのでしょう。

（小さな（白い）ぼうし）

(二) 小さなぼうしをつかんで、ため息をついている松井さんは、どんなことを思ったのでしょう。

（「せっかくのえものがいなくなっていたら、この子は、どんなにがっかりするだろう。」）

(三) 急いで車にもどった松井さんは、何を思いついたのでしょう。

（いなくなったえもののかわりに夏みかんを置いておこうと思った。）

(四) ぼうしが飛ばないように、松井さんはどうしましたか。

（石でつばをおさえた。）

8

P9

白いぼうし(4)

名前［　　］

車にもどると、おかっぱのかわいい女の子が、ちょこんと後ろのシートにすわっています。

（お）「道にまよったの。行っても行っても、四角い建物ばかりだもん。」

つかれたような声でした。

（ま）「ええと、どちらまで。」

（お）「え。――ええ、あの、あのね、菜の花横町ってあるかしら。」

（ま）「菜の花橋のことですね。」

エンジンをかけたとき、遠くから、元気そうな男の子の声が近づいてきました。

（光村図書　国語　4年（上）かがやき　あまん　きみこ）

上の文章を読んで、答えましょう。

(一) 後ろのシートにすわっているのは、どんな子でしょうか。

（おかっぱのかわいい女の子）

(二) 上の文中にある、四つの「　」は、それぞれだれが言ったのでしょう。
松井さんには（ま）
女の子には（お）と書きましょう。

(三) 菜の花横町のことを、松井さんはどこと言ったでしょう。

（菜の花橋）

(四) エンジンをかけたとき、何が近づいてきたでしょう。

（元気そうな男の子の声）

9

P10

白いぼうし(5)

名前［　　］

「あのぼうしの下さあ。お母ちゃん、本当だよ。本当のちょうちょが、いたんだもん。」

水色の新しい虫とりあみをかかえた男の子が、エプロンを着けたままのお母さんの手を、ぐいぐい引っぱってきます。

「ぼくが、あのぼうしを開けるよ。だから、お母ちゃんは、このあみでおさえてね。あれっ、石がのせてあらあ。」

客席の女の子が、後ろから乗り出して、せかせかと言いました。

「早く、おじちゃん。早く行ってちょうだい。」

松井さんは、あわててアクセルをふみました。やなぎのなみ木が、みるみる後ろに流れていきます。

（光村図書　国語　4年（上）かがやき　あまん　きみこ）

上の文章を読んで、答えましょう。

(一) 男の子がかかえていたものは何ですか。

（(水色の新しい)虫とりあみ）

(二) 男の子がお母さんにたのんだことは何ですか。

（(ぼうしを開けるから、)ちょうを(この)あみでおさえてほしい。）

(三) 女の子がいそいでいる様子がわかるところを書き出しましょう。

（(客席の女の子が、)後ろから乗り出して、せかせかと言いました。「早く、おじちゃん。早く行ってちょうだい。」）

(四) 車が速く走っていることがわかる文を書きましょう。

（やなぎのなみ木が、みるみる後ろに流れていきます。）

10

P11

白いぼうし(6)

名前［　　］

㋐「お母さんが、虫とりあみをかまえて、あの子がぼうしをそうっと開けたとき――。」と、ハンドルを回しながら、松井さんは思います。㋑「あの子は、どんなにア目を丸くしただろう。」

すると、ぽかっと口をOの字に開けている男の子の顔が、見えてきます。

㋒「おどろいただろうな。イまほうのみかんと思うかな。なにしろ、ちょうが化けたんだから――。」

㋓「ふふふっ。」

ひとりでに笑いがこみ上げてきました。でも、次に、

「おや。」

松井さんはあわてました。バックミラーには、だれもうつっていません。ふり返っても、だれもいません。

（光村図書　国語　4年（上）かがやき　あまん　きみこ）

上の文章を読んで、答えましょう。

(一) ㋐～㋓のうちで、頭の中で思いうかべたことではないのはどれですか。記号を書きましょう。

（㋓）

(二) ア目を丸くを正しく使った文に〇をしましょう。

（〇）弟の入選の知らせに、父は目を丸くしておどろいた。

（　）おじいさんは、まごの顔を見ると目を丸くしてよろこぶ。

（　）おいしいものを目を丸くして食べる。

(三) どうしてイまほうのみかんなのですか。

（ちょうが化けたから。）

(四) 「おや。」と松井さんがあわてたのは、なぜですか。

（バックミラーに、だれもうつっていないから。）

11

P12

白いぼうし(7)

名前［　　］

「おかしいな。」

松井さんは車を止めて、考え考え、まどの外を見ました。

アそこは、小さな団地の前の小さな野原でした。

白いちょうが、二十も三十も、いえ、もっとたくさん飛んでいました。クローバーが青々と広がり、わた毛と黄色の花の交ざったたんぽぽが、点々のもようになってさいています。その上を、おどるように飛んでいるちょうをぼんやり見ているうち、松井さんには、こんな声が聞こえてきました。

「よかったね。」

「よかったよ。」

「よかったね。」

「よかったよ。」

それは、シャボン玉のはじけるような、小さな小さな声でした。

車の中には、まだかすかに、夏みかんのにおいが残っています。

（光村図書　国語　4年（上）かがやき　あまん　きみこ）

上の文章を読んで、答えましょう。

(一) アそことは、どこのことですか。

（(車を止めて見た)まどの外）

(二) 小さな野原の様子が書いてある文章の、最初と最後の文字を七字ずつ書き出しましょう。（、・。も一字分とします）

［白いちょうが、］……［さいています。］

(三)
① ちょうをぼんやり見ている松井さんに聞こえてきた声は、何と言っていましたか。

（「よかったね。」「よかったよ。」）

② それは、どんな声でしたか。

（シャボン玉のはじけるような、小さな小さな声。）

12

P13

一つの花(1)

名前［　　］

「一つだけちょうだい。」

アこれが、ゆみ子のはっきり覚えた最初の言葉でした。

まだ戦争のはげしかったころのことです。

イそのころは、おまんじゅうだの、キャラメルだの、チョコレートだの、そんな物はどこへ行ってもありませんでした。おやつどころではありませんでした。食べる物といえば、お米の代わりに配給される、おいもや豆やかぼちゃしかありませんでした。

毎日、てきの飛行機が飛んできて、ばくだんを落としていきました。

町は、次々に焼かれて、はいになっていきました。

（光村図書　国語　4年（下）はばたき　今西　祐行）

※「一つの花」の教材は、東京書籍・教育出版の十七年度版4年生国語教科書にも掲載されています。

上の文章を読んで、答えましょう。

(一) アこれがさす文を書きましょう。

（一つだけちょうだい。）

(二) イそのころについて、答えましょう。

① そのころとは、いつのことでしょう。

（まだ戦争のはげしかったころ）

② 食べる物は、どんな物だったのでしょう。

（おいもや豆やかぼちゃ）

(三) 町の様子について、答えましょう。

① 町は、どうなっていきましたか。

（次々に焼かれて、はいになっていった。）

② それはなぜですか。

（てきの飛行機が飛んできて、ばくだんを落としていったから。）

13

P14

一つの花(2)

名前［　　］

ゆみ子は、いつもおなかをすかしていたのでしょうか。ご飯のときでも、おやつのときでも、もっともっとと言って、いくらでもほしがるのでした。

すると、ゆみ子のお母さんは、

「じゃあね、一つだけよ。」

と言って、自分の分から一つ、ゆみ子に分けてくれるのでした。

「一つだけ――。一つだけ――。」

と、これが、お母さんの口ぐせになってしまいました。ゆみ子は、知らず知らずのうちに、お母さんのこの口ぐせを覚えてしまったのです。

（光村図書　国語　4年（下）はばたき　今西　祐行）

上の文章を読んで、答えましょう。

(一) もっともっとと言って、いくらでもほしがるのは、だれですか。

（ゆみ子）

(二) 「じゃあね、一つだけよ。」と言って、お母さんはどうしましたか。

（自分の分から一つ、ゆみ子に分けてくれる。）

(三) お母さんの口ぐせについて答えましょう。

① どんな口ぐせですか。

（一つだけ――。）

② 口ぐせを覚えてしまったのは、だれですか。

（ゆみ子）

14

※本書にかかれている解答はあくまでも一例です。答えは、文意があっていれば、○をして下さい。
「思ったこと」「考えたこと」などは様々なとらえ方があります。児童の思いをよく聞いて○をつけて下さい。

P15

一つの花(3)　名前［　　］

㋐「なんてかわいそうな子でしょうね。一つだけちょうだいと言えば、なんでももらえると思ってるのね。」

あるとき、お母さんが言いました。

すると、お父さんが、ア深いため息をついて言いました。

㋑「この子は、一生、みんなちょうだい、山ほどちょうだいと言って、両手を出すことを知らずにすごすかもしれないね。一つだけのいも、一つだけのにぎり飯、一つだけのかぼちゃのにつけ――。みんな一つだけ。一つだけの喜びさ。いや、喜びなんて、一つだってもらえないかもしれないんだね。いったい、大きくなって、どんな子に育つだろう。」

そんなとき、お父さんは、決まってゆみ子をめちゃくちゃに高い高いするのでした。

（光村図書　国語　4年（下）はばたき　今西　祐行）

上の文章を読んで、答えましょう。

(一) ㋐・㋑は、だれが言った言葉でしょう。
㋐（お母さん）
㋑（お父さん）

(二) ア深いため息の「深い」の意味と同じものに○をつけましょう。
（○）深い考え　（　）海が深い
（　）深いみどり色

(三) ㋑の言葉から、お父さんはどんな心配をしているのでしょうか。（二つ○をしましょう。）
（　）みんなちょうだい、山ほどちょうだいと言って、よくばらないかな。
（○）喜びなんて、一つだってもらえないかもしれないな。
（○）いったい、大きくなって、どんな子に育つだろう。
（　）この子は、一生、いも、にぎり飯、かぼちゃしか食べられないのかな。

P16

一つの花(4)　名前［　　］

それから間もなく、あまりじょうぶでないゆみ子のお父さんも、戦争に行かなければならない日がやって来ました。

お父さんが戦争に行く日、ゆみ子は、お母さんにおぶわれて、遠い汽車の駅まで送っていきました。頭には、お母さんの作ってくれた、わた入れの防空頭巾をかぶっていきました。

お母さんのかたにかかっているかばんには、包帯、お薬、配給のきっぷ、そして、大事なお米で作ったおにぎりが入っていました。

（光村図書　国語　4年（下）はばたき　今西　祐行）

上の文章を読んで、答えましょう。

(一) お父さんが戦争に行く日、駅まで送っていったのはだれですか。
（ゆみ子）
（お母さん）

(二) おぶわれているゆみ子は、頭に何をかぶっていましたか。
（(お母さんの作ってくれた、わた入れの)防空頭巾）

(三) お母さんのかたにかかっているかばんに入っている物を、四つ書きましょう。
（包帯）
（お薬）
（配給のきっぷ）
（おにぎり）

P17

一つの花(5)　名前［　　］

ゆみ子は、おにぎりが入っているのをちゃあんと知っていましたので、

「一つだけちょうだい、おじぎり、一つだけちょうだい。」

と言って、駅に着くまでにみんな食べてしまいました。お母さんは、戦争に行くお父さんに、ゆみ子の泣き顔を見せたくなかったのでしょうか。

駅には、ほかにも戦争に行く人があって、人ごみの中から、ときどきばんざいの声が起こりました。㋐、別の方からは、㋑勇ましい軍歌が聞こえてきました。

ゆみ子とお母さんのほかに見送りのないお父さんは、プラットホームのはしの方で、ゆみ子をだいて、そんなばんざいや軍歌の声に合わせて、小さくばんざいをしていたり、歌を歌っていたりしていました。㋒、戦争になんか行く人ではないかのように。

（光村図書　国語　4年（下）はばたき　今西　祐行）

上の文章を読んで、答えましょう。

(一) だれが、何を、駅に着くまでにみんな食べてしまったのでしょう。
（ゆみ子）が（おにぎり）をみんな食べた。

(二) 人ごみの中から、何が聞こえてきたのでしょう。二つ書きましょう。
（ばんざいの声）（勇ましい軍歌）

(三) 人ごみという言葉から、駅のどんな様子がわかるでしょう。
（ほかにも戦争に行く人や見送りの人がたくさん来ている。）

(四) ㋐～㋒の□に入る言葉を、□から選んで書きましょう。
㋐（また）　㋑（たえず）
㋒（まるで）
［しかし・まるで・また・たえず］

(五) ゆみ子たちは、駅のどこにいますか。
（プラットホームのはしの方）

P18

一つの花(6)　名前［　　］

ところが、いよいよ汽車が入ってくるというときになって、またゆみ子の「一つだけちょうだい。」が始まったのです。

㋐「みんなおやりよ、母さん。おにぎりを――。」

お父さんが言いました。

㋑「ええ、もう食べちゃったんですの――。ゆみちゃん、いいわねえ。お父ちゃん、兵隊ちゃんになるんだって。ばんざあいって――。」

お母さんは、そう言ってゆみ子をあやしましたが、ゆみ子は、とうとう泣きだしてしまいました。

「一つだけ。一つだけ。」

と言って。

（光村図書　国語　4年（下）はばたき　今西　祐行）

上の文章を読んで、答えましょう。

(一) いよいよ汽車が入ってくるというときになって、何が始まったのでしょう。
（ゆみ子の「一つだけちょうだい。」）

(二) この物語の作者は、なぜ「おにぎりをみんなおやりよ、母さん。」ではなく、㋐の言い方にしたのでしょう。
（「みんなおやりよ」を強く言いたいから。）

(三) ① ㋑は、だれの言葉ですか。
（お母さん）

② その言葉を聞いたゆみ子は、どうしましたか。
（「一つだけ。一つだけ。」と言って、泣きだした。）

P19

一つの花(7)　名前［　　］

お母さんが、ゆみ子を一生けんめいあやしているうちに、お父さんが、ぷいといなくなってしまいました。

お父さんは、プラットホームのはしっぽの、ごみすて場のような所に、わすれられたようにさいていたコスモスの花を見つけたのです。あわてて帰ってきたお父さんの手には、一輪のコスモスの花がありました。

「ゆみ。さあ、一つだけあげよう。一つだけのお花、大事にするんだよう――。」

ゆみ子は、お父さんに花をもらうと、キャッキャッと足をばたつかせて喜びました。

お父さんは、アそれを見てにっこり笑うと、イ何も言わずに、汽車に乗って行ってしまいました。ゆみ子のにぎっている、一つの花を見つめながら――。

（光村図書　国語　4年（下）はばたき　今西　祐行）

上の文章を読んで、答えましょう。

(一) お父さんが、ぷいといなくなってしまったのは、どうしてでしょう。
（コスモスの花を見つけたから。）

(二) あわてて帰ってきたお父さんは、ゆみ子に何と言ったのでしょう。
（「ゆみ。さあ、一つだけあげよう。一つだけのお花、大事にするんだよう―。」）

(三) アそれとは、何を表しているのでしょう。
（ゆみ子が、花をもらって、キャッキャッと足をばたつかせて喜んだ様子。）

(四) イの文章を、一つの文に書きかえましょう。
（ゆみ子のにぎっている、一つの花を見つめながら、何も言わずに、汽車に乗って行ってしまいました。）

P20

一つの花(8)　名前［　　］

それから、十年の年月がすぎました。

ゆみ子は、お父さんの顔を覚えていません。自分にアお父さんがあったことも、あるいは知らないのかもしれません。

㋐、今、ゆみ子のとんとんぶきの小さな家は、コスモスの花でいっぱいに包まれています。

イそこから、ミシンの音が、たえず速くなったり、おそくなったり、㋑、何かお話をしているかのように、聞こえてきます。それは、あのお母さんでしょうか。

（光村図書　国語　4年（下）はばたき　今西　祐行）

上の文章を読んで、答えましょう。

(一) アお父さんがあったことも、あるいは知らないのかもしれません。の意味は、次の三つのうちどれが正しいでしょう。
（○）お父さんがいたことを、ひょっとしたら、知らないのかもしれません。
（　）お父さんがいたことを、よく知っているのかもしれません。
（　）お父さんがいたのかいなかったのか、知らないのかもしれません。

(二) ㋐・㋑の□に入る言葉を、□から選んで書きましょう。
㋐（でも）　㋑（まるで）
［また・まるで・でも・そして］

(三) イそこは、どこのことでしょうか。
（(コスモスの花でいっぱいに包まれている)とんとんぶきの小さな家）

(四) 何かお話をしているかのように聞こえてきたのは、何の音ですか。
（ミシンの音）

P21

一つの花(9)　名前［　　］

「母さん、お肉とお魚とどっちがいいの。」

と、ゆみ子の高い声が、コスモスの中から聞こえてきました。

すると、ミシンの音がしばらくやみました。

やがて、ミシンの音がまたいそがしく始まったとき、買い物かごをさげたゆみ子が、スキップをしながら、コスモスのトンネルをくぐって出てきました。そして、町の方へ行きました。

今日は日曜日、ゆみ子が小さなお母さんになって、お昼を作る日です。

（光村図書　国語　4年（下）はばたき　今西　祐行）

上の文章を読んで、答えましょう。

(一) ミシンの音がしばらくやんだのは、どうして(何のため)ですか。
（母さんが、ゆみ子と話すため。）

(二) ミシンの音がまたいそがしく始まったことで、どんなことがわかりますか。
（母さんが、またミシンをかけ始めた。）

(三) ① 町の方へ行ったのは、だれですか。
（ゆみ子）

② それは、何のために行ったのでしょう。
（買い物をして(小さなお母さんになって、)お昼を作るため。）

P22

ごんぎつね(1)　名前［　　］

これは、わたしが小さいときに、村の茂平というおじいさんから聞いたお話です。

昔は、わたしたちの村の近くの中山という所に、小さなおしろがあって、中山様というおとの様がおられたそうです。

その中山から少しはなれた山の中に、「ごんぎつね」というきつねがいました。ごんは、ひとりぼっちの小ぎつねで、しだのいっぱいしげった森の中に、あなをほって住んでいました。そして、夜でも昼でも、辺りの村へ出てきて、いたずらばかりしました。畑へ入っていもをほり散らしたり、菜種がらのほしてあるのへ火をつけたり、百姓家のうら手につるしてあるとんがらしをむしり取っていったり、いろんなことをしました。

（光村図書　国語　4年（下）はばたき　新美　南吉）

上の文章を読んで、答えましょう。

(一) ごんは、どんなきつねで、どこに、どうやって住んでいましたか。
ごんは、（ひとりぼっちの小ぎつね）で、（しだのいっぱいしげった森の中）に、（あなをほって）住んでいた。

(二) ごんは、いつ、どこでいたずらをしましたか。
いつ（夜でも昼でも）
どこで（辺りの村）

(三) ごんのしたいたずらを、三つ書きましょう。
（畑へ入っていもをほり散らした。）
（菜種がらのほしてあるのへ火をつけた。）
（百姓家のうら手につるしてあるとんがらしをむしり取っていった。）

※「ごんぎつね」の教材は、東京書籍・大阪書籍・教育出版・学校図書の十七年度版4年生国語教科書にも掲載されています。

P23

ごんぎつね(2)　名前［　　］

ある秋のことでした。二、三日雨がふり続いたその間、ごんは、外へも出られなくて、あなの中にしゃがんでいました。

雨が上がると、ごんは、ほっとしてあなからはい出ました。空はからっと晴れていて、もずの声がキンキンひびいていました。

ごんは、村の小川のつつみまで出てきました。辺りのすすきのほには、まだ雨のしずくが光っていました。川は、いつもは水が少ないのですが、三日もの雨で、水がどっとましていました。ただのときは水につかることのない、川べりのすすきやはぎのかぶが、黄色くにごった水に横だおしになって、もまれています。ごんは、川下の方へと、ぬかるみ道を歩いていきました。

（光村図書　国語　4年（下）はばたき　新美　南吉）

上の文章を読んで、答えましょう。

(一) ごんが、外へも出られなくて、あなの中にしゃがんでいたのは、どうしてですか。
（二、三日雨がふり続いたから。）

(二) ごんが、ほっとしてあなからはい出た時の、あなの外の様子を書きましょう。
（空はからっと晴れていて、もずの声がキンキンひびいていた。）

(三) 三日もの雨で、水がどっとましていたことが、よくわかる文を書き出しましょう。
（川べりのすすきやはぎのかぶが、黄色くにごった水に横だおしになって、もまれています。）

※本書にかかれている解答はあくまでも一例です。答えは、文意があっていれば、〇をして下さい。
「思ったこと」「考えたこと」などは様々なとらえ方があります。児童の思いをよく聞いて〇をつけて下さい。

P24

ごんぎつね(3)　名前［　　　］

ふと見ると、川の中に人がいて、何かやっています。ごんは、見つからないように、そうっと草の深い所へ歩きよって、そこからじっとのぞいてみました。

「兵十だな。」と、ごんは思いました。兵十は、ぼろぼろの黒い着物をまくし上げて、こしのところまで水にひたりながら、魚をとるはりきりというあみをゆすぶっていました。はちまきをした顔の横っちょうに、円いはぎの葉が一まい、大きなほくろみたいにへばり付いていました。

（光村図書　国語　4年（下）はばたき　新美　南吉）

上の文章を読んで、答えましょう。

(一) 川の中にいた人は、だれですか。
（兵十）

(二) ① そうっと草の深い所へ歩きよったのは、だれですか。
（ごん）

② それは、何をするためですか。
（見つからないように、のぞいてみるため。）

(三) ごんがのぞいてみた時、兵十はどんなことをしていましたか。
（魚をとるはりきりというあみをゆすぶっていた。）

(四) 兵十の顔の横っちょうにへばり付いていたのは何でしょう。
（円いはぎの葉が一まい）

24

P25

ごんぎつね(4)　名前［　　　］

しばらくすると、兵十は、はりきりあみのいちばん後ろのふくろのようになったところを、水の中から持ち上げました。その中には、しばの根や、草の葉や、くさった木ぎれなどが、ごちゃごちゃ入っていましたが、［㋐］、ところどころ、白い物がきらきら光っています。それは、太いうなぎのはらや、大きなきすのはらでした。兵十は、びくの中へ、そのうなぎやきすを、ごみといっしょにぶちこみました。そして、［㋑］、ふくろの口をしばって、水の中へ入れました。

兵十は、［㋒］、びくを持って川から上がり、びくを土手に置いといて、何をさがしにか、川上の方へかけていきました。

（光村図書　国語　4年（下）はばたき　新美　南吉）

上の文章を読んで、答えましょう。

(一) 水の中から持ち上げたのは何ですか。
（はりきりあみのいちばん後ろのふくろのようになったところ。）

(二) ア それとは、何のことですか。
（(きらきら光っている)白い物）

(三) ㋐～㋒の［　］に入る言葉を、［　］から選んで書きましょう。

ところが・また　それから・でも

㋐（でも）
㋑（また）
㋒（それから）

25

P26

ごんぎつね(5)　名前［　　　］

兵十がいなくなると、ごんは、ぴょいと草の中から飛び出して、びくのそばへかけつけました。ちょいと、いたずらがしたくなったのです。ごんは、びくの中の魚をつかみ出しては、はりきりあみのかかっている所より下手の川の中を目がけて、ぽんぽん投げこみました。どの魚も、トボンと音を立てながら、にごった水の中へもぐりこみました。

いちばんしまいに、太いうなぎをつかみにかかりましたが、なにしろぬるぬるとすべりぬけるので、手ではつかめません。ごんは、じれったくなって、頭をびくの中につっこんで、うなぎの頭を口にくわえました。うなぎは、キュッといって、ごんの首へまき付きました。そのとたんに兵十が、向こうから、「うわあ、ぬすっとぎつねめ。」とどなりたてました。ごんは、びっくりして飛び上がりました。

（光村図書　国語　4年（下）はばたき　新美　南吉）

上の文章を読んで、答えましょう。

(一) 草の中から飛び出したごんは、何がしたくなったのですか。
（いたずら）

(二) ごんのしたいたずらは、どんなことですか。
（びくの中の魚をつかみ出しては、はりきりあみより下手の川の中へ、投げこんだ。）

(三) 太いうなぎがすべってつかめないので、ごんはどうしましたか。
（頭をびくの中につっこんで、うなぎの頭を口にくわえた。）

(四) ①「うわあ、ぬすっとぎつねめ。」と言ったのは、だれですか。
（兵十）

② どうして、ごんをぬすっと(どろぼう)だと思ったのでしょう。
（ごんが太いうなぎを首にまき付けていたから。）

26

P27

ごんぎつね(6)　名前［　　　］

うなぎをふりすててにげようとしましたが、うなぎは、ごんの首にまき付いたままはなれません。ごんは、そのまま横っ飛びに飛び出して、一生けんめいににげていきました。

ほらあなの近くのはんの木の下でふり返ってみましたが、兵十は追っかけては来ませんでした。

ごんはほっとして、うなぎの頭をかみくだき、やっと外して、あなの外の草の葉の上にのせておきました。

（光村図書　国語　4年（下）はばたき　新美　南吉）

上の文章を読んで、答えましょう。

(一) ア そのままとは、どんな様子のことでしょう。
（うなぎが首にまき付いたまま(にげた)。）

(二) ごんは、どこでふり返りましたか。
（(ほらあなの近くの)はんの木の下）

(三) ごんはほっとして、うなぎをどうしたのでしょう。三つに分けて書きましょう。
（うなぎの頭をかみくだいた。）
（やっと外した。）
（あなの外の草の葉の上にのせておいた。）

27

P28

ごんぎつね(7)　名前［　　　］

十日ほどたって、ごんが弥助というお百姓のうちのうらを通りかかりますと、そこのいちじくの木のかげで、弥助の家内が、お歯黒を付けていました。かじ屋の新兵衛のうちのうらを通ると、新兵衛の家内が、かみをすいていました。ごんは、「ふふん、村に何かあるんだな。」と思いました。

「なんだろう、秋祭りかな。祭りなら、たいこや笛の音がしそうなものだ。それにだいいち、お宮にのぼりが立つはずだが。」

（光村図書　国語　4年（下）はばたき　新美　南吉）

上の文章を読んで、答えましょう。

(一) ア そことは、どこですか。
（弥助というお百姓のうちのうら）

(二) 次の人は、それぞれ何をしていましたか。

弥助の家内
（お歯黒を付けていた。）

新兵衛の家内
（かみをすいていた。）

(三)「ふふん、村に何かあるんだな。」と思ったごんについて答えましょう。

① 秋祭りがあると思っていますか。思っていませんか。
（思っていない。）

② それは、どうしてですか。
（祭りなら、たいこや笛の音がしそうなものだし、お宮にのぼりが立っていないから。）

28

P29

ごんぎつね(8)　名前［　　　］

こんなことを考えながらやって来ますと、いつの間にか、表に赤いいどのある兵十のうちの前へ来ました。その小さなこわれかけた家の中には、大ぜいの人が集まっていました。よそ行きの着物を着て、こしに手ぬぐいを下げたりした女たちが、表のかまどで火をたいています。大きななべの中では、何かぐずぐずにえていました。

「ああ、そうしきだ。」と、ごんは思いました。

「兵十のうちのだれが死んだんだろう。」

お昼がすぎると、ごんは、村の墓地へ行って、六地蔵さんのかげにかくれていました。いいお天気で、遠く向こうには、おしろの屋根がわらが光っています。墓地には、ひがん花が、赤いきれのようにさき続いていました。と、村の方から、カーン、カーンと、かねが鳴ってきました。そうしきの出る合図です。

（光村図書　国語　4年（下）はばたき　新美　南吉）

上の文章を読んで、答えましょう。

(一) ごんは、どんな様子を見て「ああ、そうしきだ。」と思ったのでしょう。二つ書きましょう。
（(兵十の家に)大ぜいの人が集まっていた。）
（よそ行きの着物を着て、こしに手ぬぐいを下げたりした女たちが、表のかまどで火をたいていた。）

(二) ① お昼すぎ、ごんはどこにいましたか。
（村の墓地の六地蔵さんのかげ）

② なぜそこに行ったのですか。行ったわけを書きましょう。
（兵十のうちのだれが死んだのか、わかると思ったから。）

(三) ひがん花は、どんな様子でさいていましたか。
（赤いきれのようにさき続いていた。）

29

P30

ごんぎつね(9)　名前［　　　］

やがて、白い着物を着たそうれつの者たちがやって来るのが、ちらちら見え始めました。話し声も近くなりました。そうれつは、墓地へ入ってきました。人々が通ったあとには、ひがん花がふみ折られていました。

ごんは、のび上がって見ました。兵十が、白いかみしもを着けて、いはいをささげています。いつもは、赤いさつまいもみたいな元気のいい顔が、今日はなんだかしおれていました。

「ははん、死んだのは、兵十のおっかあだ。」

ごんは、そう思いながら頭を引っこめました。

（光村図書　国語　4年（下）はばたき　新美　南吉）

上の文章を読んで、答えましょう。

(一) ごんが、のび上がって見たのは、何ですか。
（そうれつ（兵十））

(二) 今日の兵十の様子は、いつもとくらべて、どう変わっていましたか。

いつも
（赤いさつまいもみたいな元気のいい顔）

⇩

今日
（しおれていた。）

(三) ごんが「ははん、死んだのは、兵十のおっかあだ。」と思ったのは、何を見たからですか。
（兵十が、白いかみしもを着けて、いはいをささげているのを見たから。）

30

P31

ごんぎつね(10)　名前［　　　］

そのばん、ごんは、あなの中で考えました。「兵十のおっかあは、ア どこについていて、うなぎが食べたいと言ったにちがいない。それで、兵十が、はりきりあみを持ち出したんだ。ところが、わしがいたずらをして、うなぎを取ってきてしまった。だから、兵十は、おっかあにうなぎを食べさせることができなかった。そのまま、おっかあは、死んじゃったにちがいない。ああ、うなぎが食べたい、うなぎが食べたいと思いながら死んだんだろう。ちょっ、あんないたずらをしなけりゃよかった。」

（光村図書　国語　4年（下）はばたき　新美　南吉）

上の文章を読んで、答えましょう。

(一) ごんは、いつ、どこで考えましたか。

いつ（そのばん）
どこで（あなの中）

(二) ア どこについていてとは、どういう意味ですか。わかりやすい言葉で書きなおしましょう。
（病気でねている。）

(三) なぜ、ごんは「ちょっ、あんないたずらをしなけりゃよかった」と思ったのでしょう。
（病気でねている兵十のおっかあが、うなぎが食べたいと言ったのに、自分がいたずらをしたために、おっかあはうなぎを食べることができずに死んじゃったと考えたから。）

31

P32

ごんぎつね(11)　名前［　　　］

兵十が、赤いいどの所で麦をといでいました。

兵十は、今までおっかあと二人きりで、まずしいくらしをしていたもので、おっかあが死んでしまっては、もうひとりぼっちでした。「おれと同じ、ひとりぼっちの兵十か。」こちらの物置の後ろから見ていたごんは、ア そう思いました。

ごんは、物置のそばをはなれて、向こうへ行きかけますと、どこかで、いわしを売る声がします。

（光村図書　国語　4年（下）はばたき　新美　南吉）

上の文章を読んで、答えましょう。

(一) ごんは、どこから兵十を見ていましたか。
（物置の後ろ）

(二) なぜごんは、「おれと同じ」とおもったのですか。
（兵十もおっかあが死んで、ひとりぼっちになったから。）

(三) ア そうとありますが、どう思ったのでしょう。
（おれと同じ、ひとりぼっちの兵十か。）

32

※本書にかかれている解答はあくまでも一例です。答えは、文意があっていれば、○をして下さい。
「思ったこと」「考えたこと」などは様々なとらえ方があります。児童の思いをよく聞いて○をつけて下さい。

P33

ごんぎつね(12)　名前［　　　］

㋐「いわしの安売りだあい。生きのいい、いわしだあい。」

ごんは、そのいせいのいい声のする方へ走っていきました。と、弥助のおかみさんが、うら戸口から、

㋑「いわしをおくれ。」

と言いました。いわし売りは、いわしのかごを積んだ車を道ばたに置いて、ぴかぴか光るいわしを両手でつかんで、弥助のうちの中へ持って入りました。ごんは、そのすき間に、かごの中から五、六ぴきのいわしをつかみ出して、もと来た方へかけ出しました。そして、兵十のうちのうら口から、うちの中へいわしを投げこんで、あなへ向かってかけもどりました。とちゅうの坂の上でふり返ってみますと、兵十がまだ、いどの所で麦をといでいるのが小さく見えました。

ごんは、うなぎのつぐないに、まず一つ、㋐いいことをしたと思いました。

（光村図書 国語 4年（下）はばたき 新美 南吉）

上の文章を読んで、答えましょう。

(一) ㋐・㋑は、だれが言った言葉ですか。
㋐（いわし売り）
㋑（弥助のおかみさん）

(二) いわし売りが弥助のうちへ入ったすき間に、ごんはどんなことをしたのでしょう。
（かごの中から五、六ぴきのいわしをつかみ出して、もと来た方へかけ出した。）

(三) ㋐いいこととは、どんなことですか。
（うなぎのつぐないに、兵十のうちの中へいわしを投げこんだこと。）

33

P34

ごんぎつね(13)　名前［　　　］

次の日には、ごんは山でくりをどっさり拾って、それをかかえて兵十のうちへ行きました。うら口からのぞいてみますと、兵十は、昼飯を食べかけて、茶わんを持ったまま、ぼんやりと考えこんでいました。変なことには、兵十のほっぺたに、かすりきずがついています。どうしたんだろうと、ごんが思っていますと、兵十がひとり言を言いました。

「いったい、だれが、いわしなんかを、おれのうちへほうりこんでいったんだろう。おかげでおれは、ぬすびとと思われて、いわし屋のやつにひどい目にあわされた。」

と、ぶつぶつ言っています。

ごんは、これはしまったと思いました。「かわいそうに兵十は、いわし屋にぶんなぐられて、あんなきずまでつけられたのか。」

ごんは㋐こう思いながら、そっと物置の方へ回って、その入り口にくりを置いて帰りました。

次の日も、その次の日も、ごんは、くりを拾っては兵十のうちへ持ってきてやりました。その次の日には、くりばかりでなく、松たけも二、三本、持っていきました。

（光村図書 国語 4年（下）はばたき 新美 南吉）

上の文章を読んで、答えましょう。

(一) 兵十のほっぺたに、かすりきずがついていたのは、どうしてでしょうか。
（いわし屋にぬすびとと思われて、ひどい目にあわされたから。）

(二) 兵十のひとり言を聞いて、ごんはどのように思いましたか。
（これはしまった）

(三) ㋐こう思いながらとは、どのように思ったのですか。
（「かわいそうに兵十は、いわし屋にぶんなぐられて、あんなきずまでつけられたのか。」）

(四) いわし屋にぶんなぐられて、きずまでつけられた兵十を見たあと、ごんはどんなことをしましたか。
（くりや松たけを兵十のうちへ持って行った。）

34

P35

ごんぎつね(14)　名前［　　　］

㋐月のいいばんでした。ごんは、ぶらぶら遊びに出かけました。中山様のおしろの下を通って、少し行くと、細い道の向こうから、だれか来るようです。話し声が聞こえます。チンチロリン、チンチロリンと、松虫が鳴いています。

ごんは、道のかた側にかくれて、じっとしていました。話し声は、だんだん近くなりました。それは、兵十と、加助というお百姓でした。

（光村図書 国語 4年（下）はばたき 新美 南吉）

上の文章を読んで、答えましょう。

(一) ㋐月のいいばんを、わかりやすい言葉に書きかえましょう。
（月が明るくきれいに見える夜）

(二) ごんがぶらぶら遊びに出かけ、おしろの下を通っている時、どんな声や音が聞こえてきたのでしょう。
（話し声）

（松虫の鳴き声）

(三) 細い道の向こうから来たのは、だれとだれでしたか。
（兵十）と（加助）

35

P36

ごんぎつね(15)　名前［　　　］

「そうそう、なあ、加助。」

と、兵十が言いました。

「ああん。」

「おれあ、このごろ、とても㋐不思議なことがあるんだ。」

「何が。」

「おっかあが死んでからは、だれだか知らんが、おれにくりや松たけなんかを、毎日毎日くれるんだよ。」

㋐「ふうん、だれが。」

「それが分からんのだよ。おれの知らんうちに置いていくんだ。」

ごんは、二人の後をつけていきました。

「ほんとかい。」

㋑「ほんとだとも。うそと思うなら、あした見に来いよ。そのくりを見せてやるよ。」

㋒「へえ、変なこともあるもんだなあ。」

それなり、二人はだまって歩いていきました。

（光村図書 国語 4年（下）はばたき 新美 南吉）

上の文章を読んで、答えましょう。

(一) 兵十が言った、とても㋐不思議なこととは、どんなことですか。
（おっかあが死んでからは、だれだか知らんが、くりや松たけなんかを、毎日くれる。）

(二) ㋐〜㋒は、だれが言った言葉ですか。
㋐（加助）
㋑（兵十）
㋒（加助）

(三) ごんは二人の話を、どうやって聞いているのでしょう。
（二人の後をつけていきながら聞いている。）

36

P37

ごんぎつね(16)　名前［　　　］

加助が、ひょいと後ろを見ました。ごんはびくっとして、小さくなって立ち止まりました。加助は、ごんには気がつかないで、そのままさっさと歩きました。吉兵衛というお百姓のうちまで来ると、二人は㋐そこへ入っていきました。ポンポンポンポンと、木魚の音がしています。まどのしょうじに明かりが差していて、大きなぼうず頭がうつって、動いていました。ごんは、「お念仏があるんだな。」と思いながら、いどのそばにしゃがんでいました。しばらくすると、また三人ほど、人が連れ立って、吉兵衛のうちへ入っていきました。おきょうを読む声が聞こえてきました。

ごんは、お念仏がすむまで、いどのそばにしゃがんでいました。兵十と加助は、またいっしょに帰っていきます。ごんは、二人の話を聞こうと思って、ついていきました。兵十のかげぼうしをふみふみ行きました。

（光村図書 国語 4年（下）はばたき 新美 南吉）

上の文章を読んで、答えましょう。

(一) ㋐そことは、どこへ入ったのでしょうか。
（吉兵衛というお百姓のうち）

(二) なぜ、ごんは「お念仏があるんだな。」と思ったのでしょう。二つ書きましょう。
（木魚の音がするから。）

（まどのしょうじに、大きなぼうず頭がうつって、動いているから。）

(三) ごんはいつまで、いどのそばにしゃがんでいましたか。
（お念仏がすむまで）

(四) 二人の話を聞こうと思って、ついていったごんの様子を書きましょう。
（兵十のかげぼうしをふみふみ行った。）

37

P38

ごんぎつね(17)　名前［　　　］

おしろの前まで来たとき、加助が言いだしました。

「さっきの話は、きっと、そりゃあ、神様のしわざだぞ。」

㋐「□。」

と、兵十はびっくりして、加助の顔を見ました。

「おれはあれからずっと考えていたが、どうも、そりゃ、人間じゃない、神様だ。神様が、おまえがたった一人になったのをあわれに思わっしゃって、いろんな物をめぐんでくださるんだよ。」

㋑「□。」

「そうだとも。だから、毎日、神様にお礼を言うがいいよ。」

㋒「□。」

ごんは、「へえ、こいつはつまらないな。」と思いました。「おれがくりや松たけを持っていってやるのに、そのおれにはお礼を言わないで、神様にお礼を言うんじゃあ、おれは引き合わないなあ。」

（光村図書 国語 4年（下）はばたき 新美 南吉）

上の文章を読んで、答えましょう。

(一) なぜ兵十はびっくりして、加助の顔を見たのでしょうか。
（さっきの話は、神様のしわざだと言われたから。）

(二) ㋐〜㋒の「　」の中に、左の□から言葉を選んで書きましょう。また、それはだれの言った言葉ですか。（　）に書きましょう。
㋐「えっ」（兵十）
㋑「そうかなあ」（兵十）
㋒「うん」（兵十）

そうかなあ・うん・えっ

(三) ごんが「へえ、こいつはつまらないな。」と思ったのは、どうしてですか。
（ごんがくりや松たけを持っていっているのに、神様にお礼を言うんじゃあ、引き合わないから。）

38

P39

ごんぎつね(18)　名前［　　　］

その明くる日も、ごんは、くりを持って、兵十のうちへ出かけました。兵十は、物置でなわをなっていました。それで、ごんは、うちのうら口から、こっそり中へ入りました。

そのとき兵十は、ふと顔を上げました。と、㋐きつねがうちの中へ入ったではありませんか。こないだ、うなぎをぬすみやがったあのごんぎつねめが、またいたずらをしに来たな。

「ようし。」

兵十は立ち上がって、なやにかけてある火なわじゅうを取って、火薬をつめました。そして、足音をしのばせて近よって、今、戸口を出ようとするごんを、ドンとうちました。

ごんは、ばたりとたおれました。

（光村図書 国語 4年（下）はばたき 新美 南吉）

上の文章を読んで、答えましょう。

(一) ごんは、うら口からこっそり入って、何をしようと思ったのですか。
（くりを置こうと思った。）

(二) ㋐きつねのことを、兵十はどう思っていたのでしょうか。
（こないだ、うなぎをぬすみやがったあのごんぎつねめ。

（またいたずらをしに来たな。））

(三) 「ようし。」で、兵十のどんな気持ちがわかりますか。
（ごんを火なわじゅうでうとう。）

39

P40

ごんぎつね(19)　名前［　　　］

兵十はかけよってきました。うちの中を見ると、土間にくりが固めて置いてあるのが、目につきました。

「おや。」

と、兵十はびっくりして、㋐ごんに目を落としました。

「ごん、おまいだったのか、いつも、くりをくれたのは。」

ごんは、ぐったりと目をつぶったまま、うなずきました。

兵十は、火なわじゅうをばたりと取り落としました。青いけむりが、まだつつ口から細く出ていました。

（光村図書 国語 4年（下）はばたき 新美 南吉）

上の文章を読んで、答えましょう。

(一) 兵十は、なぜ「おや。」とびっくりしたのですか。
（土間にくりが固めて置いてあるのが、目についたから。）

(二) ㋐ごんに目を落としました。とは、どういう意味ですか。
（ごんの方を見ました。）

(三) 「ごん、おまいだったのか、いつも、くりをくれたのは。」と言った兵十に、ごんはどのように答えましたか。
（ぐったりと目をつぶったまま、うなずいた。）

(四) 火なわじゅうをばたりと取り落とした兵十の気持ちを書きましょう。
（しまった、うたなければよかった。）

40

P41

夏のわすれもの(1)　名前［　　　］

暑い暑い日だった。まどの風りんはチリンとも鳴らない。ああ、川に行きたい――今ごろ、いっちゃんたちは川で……。そう思ったら、もうがまんできなくなった。ぼくはえん筆を置いて、ドリルをとじた。そうっと、えんがわから庭を見た。おじいちゃんの横で、草取りを手伝っていたかずえがふり向いた。

㋐「お兄ちゃん、また川へいくの？」

ほっぺをふくらませた顔が、お母さんにそっくりだ。

㋑「うるさいなあ。」

かずえをにらみ返して、ぼくはビーチサンダルをはいた。

㋒「まさるも草取りを……手伝ってくれんか。」

おじいちゃんが、にこにこしながら言った。

㋓「友達が待ってるから……。あした、手伝う。」

ぼくはうき輪をおじいちゃんに見せて、かけだした。

（東京書籍 新編 新しい国語 4年（上） 福田 岩緒）

上の文章を読んで、答えましょう。

(一) 風がふかない、暑い日だったことがわかる文を、書きましょう。
（まどの風りんはチリンとも鳴らない。）

(二) おじいちゃんとかずえは、何をしていますか。
（草取り）

(三) ㋐〜㋓は、だれが言った言葉ですか。
㋐（かずえ）
㋑（まさる）
㋒（おじいちゃん）
㋓（まさる）

(四) ぼくが、うき輪をおじいちゃんに見せたのは、おじいちゃんに何を言いたかったのでしょうか。
（川へ行くこと）

41

※本書にかかれている解答はあくまでも一例です。答えは、文意があっていれば、○をして下さい。
「思ったこと」「考えたこと」などは様々なとらえ方があります。児童の思いをよく聞いて○をつけて下さい。

P42

夏のわすれもの(2)

名前［　　　］

川に近づくにつれて、にぎやかな声が聞こえてきた。ぼくだけが仲間外れにされてるようで、気持ちがあせった。飛ぶように坂道をかけ下りた。

「ふんすい岩」には、もういっちゃんたちが来ていた。

川にせり出して、三つの岩がよりそってならんでいる。ア真ん中のひときわ大きい岩のことを、ぼくら、この町の子どもたちはふんすい岩とよんでいた。昔の子どもたちが、おもしろがっておしっこをしていたので、イそうよばれるようになったのかもしれない。もちろん、今はだれもウそんな所でおしっこなんかしない。

（東京書籍　新編　新しい国語　4年（上）　福田岩緒）

上の文章を読んで、答えましょう。

(一) ① にぎやかな声を聞いたぼくは、どんな気持ちになりましたか。

（ぼくだけが仲間外れにされてるようで、気持ちがあせった。）

② それで、ぼくはどうしましたか。

（飛ぶように坂道をかけ下りた。）

(二) ア真ん中とありますが、何の真ん中ですか。

（三つの岩）

(三) イそうにあたる言葉を書きましょう。

（ふんすい岩）

(四) ウそんな所にあたる言葉を書きましょう。

（ふんすい岩）

42

P43

夏のわすれもの(3)

名前［　　　］

㋐「おうい、まさるう。」

いっちゃんが、ぼくにかた手をあげて飛んだ。空中であぐらをかいて、両手を合わせた。

㋑「あ、『ナンマイダー飛び』だ。」

飛びちったしぶきがきらきらと光った。ぼくはうき輪を置いて、急いでランニングと半ズボンをぬいだ。プールの水とちがって、川の水はびっくりするくらいつめたい。両手で水をすくって、むねにかけた。

「ひゃっ！」

全身のきん肉がきゅんとちぢんだ。

（東京書籍　新編　新しい国語　4年（上）　福田岩緒）

上の文章を読んで、答えましょう。

(一) ㋐・㋑は、だれの言葉ですか。

㋐（いっちゃん）

㋑（ぼく（まさる））

(二) 『ナンマイダー飛び』とは、どんな飛び方ですか。説明をしましょう。

（空中であぐらをかいて、両手を合わせて飛ぶこと。）

(三) ①「ひゃっ！」と言ったのはだれですか。

（ぼく（まさる））

② どうしてそう言ったのでしょうか。

（川の水はびっくりするくらいつめたいから。）

43

P44

夏のわすれもの(4)

名前［　　　］

ふんすい岩のてっぺんに立って、思いっ切り息をすいこんだ。すき通った秋川の水が、まだらに光っている。ぼくはしゅりけんを投げるまねをして、岩をけった。かた足だけまっすぐにのばす。得意の『にん者飛び』だ。

水面はあっという間だ。だけど、そのいっしゅんの間に、ぼくたちは、にん者にも鳥にも、スーパーマンにもなれるのだ。にん者は、水しぶきをあげた。水中に入るしゅん間に、鼻から息をフッとはき出す。アこのタイミングを覚えないと、とんでもない目にあう。水中では、つめたさなんかまるで感じない。

「プワァッ。」

水面から顔を出したぼくの耳に、みんなのはく手とはしゃぐ声が聞こえた。

（東京書籍　新編　新しい国語　4年（上）　福田岩緒）

上の文章を読んで、答えましょう。

(一) ① ぼくの得意な飛び方は何ですか。

（にん者飛び）

② 飛んでいるいっしゅんの間に、ぼくたちは、どんなものになれるのでしょう。三つ書きましょう。

（にん者）（鳥）（スーパーマン）

(二) アこのタイミングとは、何のタイミングでしょうか。

（水中に入るしゅん間に、鼻から息をフッとはき出す。）

(三) 「プワァッ。」という音は、どんなときの音ですか。

（水面から顔を出したときの音）

44

P45

夏のわすれもの(5)

名前［　　　］

仲間の中で、一番の飛びこみ名人はいっちゃんだった。いっちゃんの『ムササビ飛び』は、だれにもまねができない。両手と両足をめいっぱい広げて、そのまま水面を切るように飛びこむのだ。

ぼくも友達も、一度はちょうせんしてみたけれど、だれ一人成功しなかった。

「いっちゃん、ムササビやってよ。」

ゆうじが、いっちゃんにリクエストした。

「やるのお……。」

照れながらいっちゃんが頭をかいた。うれしくてたまらない……って顔だ。

（東京書籍　新編　新しい国語　4年（上）　福田岩緒）

上の文章を読んで、答えましょう。

(一) 一番の飛びこみ名人は、だれですか。

（いっちゃん）

(二) 『ムササビ飛び』とは、どんな飛び方ですか。説明をしましょう。

（両手と両足をめいっぱい広げて、そのまま水面を切るように飛びこむ。）

(三) ① うれしくてたまらない……って顔をしたのは、だれですか。

だれ（いっちゃん）

② どうしてうれしいのでしょうか。

（ゆうじにムササビ飛びをリクエストされたから。）

45

P46

夏のわすれもの(6)

名前［　　　］

みんなの目がいっちゃんに集まったとき、遠くで救急車のサイレンの音が鳴っていた。

何度か足ぶみした後、いっちゃんの体がふわっとちゅうにういた。ふんすい岩よりも高い所で、両手と両足がすうっと開いた。アいっちゃんがムササビに変身したしゅん間だった。まるで、スローモーションを見ているようにみごとだった。ムササビは、一直線に秋川の流れにすいこまれていった。

いろんな飛びこみで楽しんだ後、『人間ダーツ』が始まった。川上から流したうき輪に足から飛びこんで、命中率をきそうゲームだ。スリル満点の遊びだ。たちまちぼくたちは、『人間ダーツ』に夢中になった。

うき輪を三回くぐりぬけたときだった。となりの家のまさし兄ちゃんが、こわい顔をして走ってきた。

「まさる！　じいちゃんがたいへんだ。」

にぎやかだったふんすい岩から音が消えた。

（東京書籍　新編　新しい国語　4年（上）　福田岩緒）

上の文章を読んで、答えましょう。

(一) 救急車のサイレンの音が鳴っていたのは、いつでしたか。

（みんなの目がいっちゃんに集まったとき。）

(二) ① アいっちゃんがムササビに変身したしゅん間、いっちゃんはどこにいますか。

（ふんすい岩よりも高い所）

② そのときのいっちゃんの体は、どんな様子ですか。

（両手と両足がすうっと開いた。）

(三) 『人間ダーツ』とは、どんな遊びでしょうか。

（川上から流したうき輪に足から飛びこんで、命中率をきそう（スリル満点の）ゲーム）

(四) まさし兄ちゃんが走ってきたとき、まさるは何をしていましたか。

（人間ダーツでうき輪を（三回）くぐりぬけていた。）

46

P47

夏のわすれもの(7)

名前［　　　］

げん関先に救急車が止まっていて、近所のおばさんたちが集まっていた。

部屋に入った。おじいちゃんはふとんにねていた。みんながふとんにくっつくようにすわっていた。その後ろで、一人の救急隊員が道具をかたづけていて、もう一人が電話で話していた。おばあちゃんがおじいちゃんのまくら元にいて、その横にお母さんがすわっていた。

㋐「じいちゃん、……まさるが来たよ……。」

お母さんが、泣きながらおじいちゃんに言った。

㋑「急にいっちまって……。」

ぼつりとおばあちゃんが言った。

㋒「じいちゃん、死んじゃった……。」

お母さんにだかれていたかずえが、べそをかきながら言った。げん関にだれかがかけこんできた。真っ青な顔をしたお父さんだった。お父さんは、おじいちゃんのまくら元に手をつくと、

㋓「父さん……。」

と言ったまま、おこったようにだまってしまった。

（東京書籍　新編　新しい国語　4年（上）　福田岩緒）

上の文章を読んで、答えましょう。

(一) ぼくが部屋に入ったときの、つぎの人たちの様子を書きましょう。

おじいちゃん（ふとんにねていた。）

おばあちゃん（おじいちゃんのまくら元にいた。）

お母さん（おばあちゃんの横にすわっていた。）

かずえ（お母さんにだかれて、べそをかいていた。）

一人の救急隊員（道具をかたづけていた。）

もう一人の救急隊員（電話で話していた。）

(二) ㋐〜㋓は、だれの言葉ですか。

㋐（お母さん）　㋑（おばあちゃん）

㋒（かずえ）　㋓（お父さん）

47

P48

夏のわすれもの(8)

名前［　　　］

おじいちゃんの顔は、ねむっているようにしか見えなかった。こんな暑い日なのに、しんじられないくらいすずしそうな顔をしていた。

「まさるも草取りを……手伝ってくれんか。」

ついさっき、アそう言っていた、しわしわのくちびるをかたくとじていた。

夏休みになったら、草取りをするって約束したのに、ぼくはまだ一度も手伝っていなかった。おじいちゃんのかぶっていた麦わらぼうしが、すみのちゃぶ台の上に置いてあった。イ麦わらぼうしがさびしそうだった。

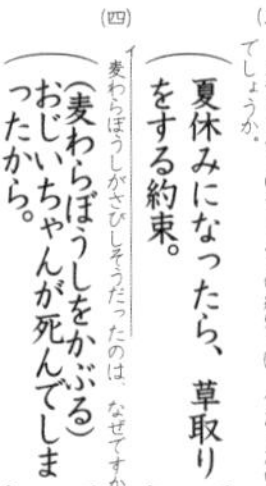

（東京書籍　新編　新しい国語　4年（上）　福田岩緒）

上の文章を読んで、答えましょう。

(一) おじいちゃんはどんな顔をしていましたか。二つ書きましょう。

（ねむっているような顔）

（すずしそうな顔）

(二) アそうとありますが、おじいちゃんは何と言っていたのでしょうか。

（まさるも草取りを……手伝ってくれんか。）

(三) まさるとおじいちゃんとの約束とは、何だったのでしょうか。

（夏休みになったら、草取りをする約束。）

(四) イ麦わらぼうしがさびしそうだったのは、なぜですか。

（（麦わらぼうしをかぶる）おじいちゃんが死んでしまったから。）

48

P49

夏のわすれもの(9)

名前［　　　］

夜、みんなでおじいちゃんの体をきれいにしてあげた。ぼくはおじいちゃんの茶色のごつごつした両手を、きれいにふいた。息をしていないおじいちゃんの顔は、こわくてふけなかった。

おそう式も暑い日だった。長い長いおきょうだった。ぼくは何度もすわり直した。おばあちゃんはうつむいたまま、右手で左手をさすっていた。おきょうのとちゅう、セミがいっせいに鳴きだしたので、ぼくは外を見た。真っ青な空の下から、山のように雲が上っていた。いっちゃんたちは川で遊んでるんだろうなあ……と思った。

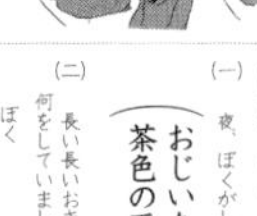

（東京書籍　新編　新しい国語　4年（上）　福田岩緒）

上の文章を読んで、答えましょう。

(一) 夜、ぼくがしたことは何ですか。

（おじいちゃんのごつごつした茶色の両手を、きれいにふいた。）

(二) 長い長いおきょうの間、ぼくとおばあちゃんは、何をしていましたか。

ぼく（何度もすわり直した。）

おばあちゃん（うつむいたまま、右手で左手をさすっていた。）

(三) おきょうのとちゅう、ぼくが外を見たのは、どうしてですか。

（セミがいっせいに鳴きだしたから。）

49

P50

夏のわすれもの(10)

名前［　　　］

それから一週間がたち、お母さんたちの顔が、やっと少しだけふだんの顔にもどりかけていた。おばあちゃんは、今まで以上に、えんがわにすわる時間が長くなった。右手で左手をしずかにさすりながら、置物のように、いつまでも庭をぼんやりとながめていた。アそんなおばあちゃんを見ていて、ぼくは気がついたんだ。右手で左手をさするのは、おじいちゃんの「くせ」だったんだ……って。

庭の草は、お父さんがきれいにぬき取った。おじいちゃんが、だいじに育てたひまわりが、黄色い麦わらぼうしのような、大きな花をさかせていた。

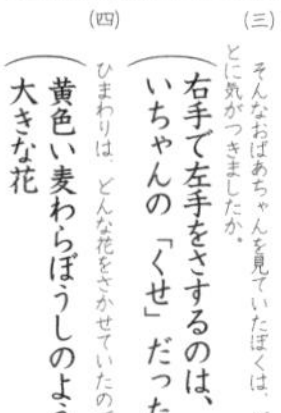

（東京書籍　新編　新しい国語　4年（上）　福田岩緒）

上の文章を読んで、答えましょう。

(一) 一週間がたった後、お母さんたちの顔はどうなりましたか。

（やっと少しだけふだんの顔にもどりかけていた。）

(二) アそんなとは、おばあちゃんのどんな様子でしょう。

（右手で左手をしずかにさすりながら、置物のように、いつまでも庭をぼんやりとながめている。）

(三) そんなおばあちゃんを見ていたぼくは、どんなことに気がつきましたか。

（右手で左手をさするのは、おじいちゃんの「くせ」だったこと。）

(四) ひまわりは、どんな花をさかせていたのですか。

（黄色い麦わらぼうしのような、大きな花）

50

※本書にかかれている解答はあくまでも一例です。答えは、文意があっていれば、○をして下さい。
「思ったこと」「考えたこと」などは様々なとらえ方があります。児童の思いをよく聞いて○をつけて下さい。

P51

夏のわすれもの(11)　名前［　　］

夏休みも残り少なくなったのに、ぼくは相かわらず、ア ふんすい岩通いを続けていた。

イ とうとうお母さんがばく発した。

「まさる！　宿題がまだ残ってるんでしょ！　川へ行くのもいいかげんにしなさい！」

ふくらませていたうき輪を、ぼくからうばい取って投げすてた。

（じいちゃんだったら、何も言わないのに。）

ぼくは、目でお母さんに言い返した。宿題のドリルを開いても、まるでやる気が起こらない。セミまでが、川へ「コーイ、コイコイ……。」と、鳴いていた。セミの声に合わせて、ウ えん筆でちゃぶ台をたたいた。

「無理せんでもいい。川へ行けばいい……。」

おばあちゃんがぼつりと言った。

「だって、お母さんが……。」

「いい、いい。おばあちゃんが言っといてやる。」

「ほんとう？　ありがとう、ばあちゃん。」

（東京書籍 新編 新しい国語 4年(上) 福田 岩緒）

上の文章を読んで、答えましょう。

(一) ア ふんすい岩通いとは、どんなことですか。
（毎日川へ(遊びに)行くこと。）

(二) イ とうとうお母さんがばく発して、お母さんが言ったことと、したことを書きましょう。
言ったこと（「まさる！　宿題がまだ残ってるんでしょ！　川へ行くのもいいかげんにしなさい！」）

したこと（うき輪を、ぼくからうばい取って投げすてた。）

(三) ① ウ えん筆でちゃぶ台をたたいたのはだれですか。
（ぼく（まさる））

② どんな気持ちでたたいていたのでしょう。左の文から選んで、○をしましょう。
（　）音楽が好きで、セミの声を楽しんでいる。

（○）川へ行きたくて、ドリルをやる気になれない。

（　）宿題が残っているので、イライラしている。

51

P52

夏のわすれもの(12)　名前［　　］

㋐「ほれ、……これかぶっていけ。」

おばあちゃんが、麦わらぼうしをぼくの前に置いた。

㋑「これ、じいちゃんの？」

㋒「じいちゃんのわすれものだよ……。」

おばあちゃんの顔が、泣き笑いの顔になった。

ぼくはうき輪と麦わらぼうしをかかえて、部屋を飛び出した。

麦わらぼうしをかぶろうとしたぼくの目に、とつぜんア 黄金の光が飛びこんできた。ひまわり畑だった。ぼくは思わず立ち止まった。そこにひまわり畑があるのは知っていた。だけど、今日はそのひまわり畑がいつもとちがって見えた。ひまわりは、おじいちゃんの大好きだった花だ。庭にひまわりを植えながら、

㋓「まさる、ひまわりはなあ、小さな太陽だ。太陽と同じ明るさをくれる花だよ……。まさるも、ひまわりのようになればいいなあ……。」

そう言っていた、おじいちゃんの言葉を思い出した。

（東京書籍 新編 新しい国語 4年(上) 福田 岩緒）

上の文章を読んで、答えましょう。

(一) ㋐〜㋓は、それぞれだれの言葉ですか。
㋐（おばあちゃん）　㋑（ぼく(まさる)）
㋒（おばあちゃん）　㋓（おじいちゃん）

(二) ア 黄金の光とは、何のことですか。
（ひまわり畑）

(三) おじいちゃんは、ひまわりのことを、どんな花だと言っていましたか。
（小さな太陽(太陽と同じ明るさをくれる花)）

(四) おじいちゃんは、まさるに、どんな人に育ってほしいと願っていましたか。
（ひまわりのような(明るい)人）

52

P53

夏のわすれもの(13)　名前［　　］

①小学校へ行くまでは、ぼくとおじいちゃんはいつもいっしょだった。ぼくをだれよりもかわいがってくれたおじいちゃん。そのおじいちゃんは、㋐どこにもいない。ほんとうにいなくなったんだ。
目のおくが熱くなった。鼻がつまって……㋑こらえ切れなくなった。泣き始めたら止まらなくなって、なみだがぼろぼろ流れ落ちた。おじいちゃんの麦わらぼうしをかぶった。少し大きかった。

ふり返ると、ひまわり畑は、悲しいほど明るく、にぎやかに見えた。

（じいちゃん、ぼく、ひまわりのようになるからね。）

麦わらぼうしのひさしを下げて、ぼくは川へ続く道に出た。

（東京書籍 新編 新しい国語 4年(上) 福田 岩緒）

上の文章を読んで、答えましょう。

(一) ①の段落でわかることを、三つ書きましょう。
（小学校へ行くまでは、ぼくとおじいちゃんはいつもいっしょだった。）

（おじいちゃんはぼくをだれよりもかわいがってくれた。）

（おじいちゃんは(もう)どこにもいない。）

(二) ㋐・㋑の□に入る言葉を、［しかし・もう・でも・とうとう］から選んで書きましょう。
㋐（もう）　㋑（とうとう）

(三) ぼくが、おじいちゃんにとどけた言葉を書き出しましょう。
（じいちゃん、ぼく、ひまわりのようになるからね。）

53

P54

やい、とかげ(1)　名前［　　］

ぼくは自転車をなくした。だれのせいでもない。ぼくが悪い。

自転車のかぎをかけないで、文ぼう具屋の前に止めておいた。

ろう石を買って店から出てきたら、自転車はどこにもない。手品みたいに真昼の道路から消えてしまった。

「だらしがないったらありゃしない。」

家に帰って母さんに話したら、母さんはかんかんになっておこった。

「物をなくしたからって、すぐ新しい物を買ってもらえると思ったら、大まちがいよ。」

母さんは、ア それきり、自転車の話はしなくなった。

（教育出版 ひろがる言葉 小学国語 4年(上) 舟崎 靖子）

上の文章を読んで、答えましょう。

(一) ぼくは、どこで、どうしておいて、自転車をなくしたのでしょう。
どこで（文ぼう具屋の前）
どうして（かぎをかけないで止めておいた。）

(二) 自転車がなくなったときの様子を、二つ書き出しましょう。
（ろう石を買って店から出てきたら、自転車はどこにもない。）

（手品みたいに真昼の道路から消えてしまった。）

(三) ア それきりは、いつからですか。
（母さんがおこって、「物をなくしたからって、すぐ新しい物を買ってもらえると思ったら、大まちがいよ。」と言ったきり。）

54

P55

やい、とかげ(2)　名前［　　］

次の日、学校から帰ると、いつものようにのぶちゃんが遊びに来た。

いつものように自転車に乗ってきた。

いつものように自転車に乗ったまま、ベルを鳴らしてぼくをよんだ。

ぼくは、いつものようにげんかんの戸を開けて出ていった。

「東町公園へ野球に行くよ。早く、早く！」

けれど、ぼくは、のぶちゃんといっしょに行かなかった。行かなかったのではなくて、行けなかった。

自転車の二人乗りは学校で禁止されていたし、東町公園まで歩いていくには一時間かかった。

「じゃあな。」

のぶちゃんは、行ってしまった。

ぼくは、自転車のベルを鳴らして角を曲がるのぶちゃんを、見送った。

お日様は、ぼくの頭の真上にある。一日は、やっと半分終わったところだ。自転車なしで、あとの半分をどうしよう。

（教育出版 ひろがる言葉 小学国語 4年(上) 舟崎 靖子）

上の文章を読んで、答えましょう。

(一) いつものように、のぶちゃんがしたことを、二つ書きましょう。
（自転車に乗って遊びに来た。）

（自転車に乗ったまま、ベルを鳴らしてぼくをよんだ。）

(二) ぼくが東町公園へ行けなかった理由を、二つ書きましょう。
（自転車の二人乗りは学校で禁止されているから。）

（東町公園まで歩いていくには一時間かかるから。）

(三) 一日が、やっと半分終わったところだとわかる文を書き出しましょう。
（お日様は、ぼくの頭の真上にある。）

55

P56

やい、とかげ(3)　名前［　　］

ぼくの家のとなりの原っぱを、お日様が明るく照らしている。日かげに立っているぼくにはまぶしく見える。

まるで、照明に照らし出された学校のホールのぶたいだ。これから学芸会が始まるみたいだし、もう終わってしまったみたいでもある。

ぼくは原っぱへ入っていった。

ポケットに手を入れると、ろう石が出てきた。

ちぇっ、ろう石なんか買いに行かなければ、ぼくは今ごろ東町公園で野球をしていただろうな。ぼくがいなくて、だれがピッチャーをやっているんだろう。こんなろう石、すててしまえ。

ぼくは、ろう石を原っぱのすみに投げてしまおうと、ピッチャーのポーズをとった。

すると、ぼくはだれかの横目を感じた。

（教育出版 ひろがる言葉 小学国語 4年(上) 舟崎 靖子）

上の文章を読んで、答えましょう。

(一) 原っぱは、どこにありますか。
（ぼくの家のとなり）

(二) 「お日様が明るく照らしている」原っぱのことを、何のようだと言ってますか。
（まるで照明に照らし出された学校のホールのぶたい）

(三) ① ぼくが、原っぱでピッチャーのポーズをとったのは、何のためですか。
（ろう石をすててしまうため。）

② なぜ、ぼくはそのようなことをしようと思ったのですか。
（ろう石なんか買いに行かなければ、今ごろ東町公園で野球をしていたのにと思うと、ろう石に腹が立つから。）

56

P57

やい、とかげ(4)　名前［　　］

ぼくを見ていたのは、石の上の一ぴきのとかげだった。

「やい、自転車をなくしていい気味だぞ。」

とかげの横目はそう言っていた。

ア 生意気なとかげをおどろかせてやろうと、ぼくはとかげのいる石にろう石を投げた。

ナイスピッチングだ。

ろう石は石に当たった。

けれど、イ それだけではなかった。石に当たったろう石はバウンドして、とかげに当たった。

ウ ぼくは息をのんだ。

石の上に、とかげのしっぽだけが残った。残ったしっぽはしばらく動いていたけれど、やがて動かなくなった。

ぼくはしっぽをぶら下げた。

なんて原っぱは静かなんだろう。世界じゅうの人たちは、みんな自分の自転車に乗って、どこかへ遊びに行ってしまったんだ。

エ 世界じゅうは空っぽ。ぼくは空っぽな世界のまん中に、ひとりぼっちで立っている。

（教育出版 ひろがる言葉 小学国語 4年(上) 舟崎 靖子）

上の文章を読んで、答えましょう。

(一) ア 生意気なとかげとありますが、なぜ生意気なのでしょう。
（「やい、自転車をなくしていい気味だぞ。」と横目が言っているように思ったから。）

(二) イ それとは、どんなことですか。
（ろう石が、石に当たった。）

(三) ウ ぼくは息をのんだのは、どうしてですか。
（ろう石が、とかげに当たったから。）

(四) なぜぼくは、エ 世界じゅうは空っぽ。ぼくは空っぽな世界のまん中に、ひとりぼっちで立っているように思ったのでしょう。
例
（世界じゅうの人たちは、みんな自分の自転車に乗って、どこかへ遊びに行ってしまったし、とかげもいなくなって、しっぽが残ったけど、それも動かなくなった。そして、静かになった原っぱにぼく一人でいるから。）

57

P58

やい、とかげ(5)　名前［　　］

さくらの花がいちばんきれいにさいた日、明るい花の下で、ぼくはのぶちゃんと友だちになった。

ア あの日も、ぼくは自転車に乗っていた。

ざりがにをつりに行った日、どろやなぎの葉が風に光る川原で、ぼくはのぶちゃんと待ち合わせをした。

イ あの日も、ぼくは自転車に乗っていた。

まつの実、しいの実、どんぐりの実、いろんな実のふる音の中を、ぼくはのぶちゃんとどこかへ急いでいた。

ウ あの日も、ぼくは自転車に乗っていた。

冬休みに入ったさいしょの日、ぼくはのぶちゃんと学校へ遊びに行った。

ふながねむる、こいがねむる、たにしがねむる池を、ぼくとのぶちゃんはいつまでものぞきこんでいた。

エ あの日も、ぼくは自転車に乗っていた。

（教育出版 ひろがる言葉 小学国語 4年(上) 舟崎 靖子）

上の文章を読んで、答えましょう。

(一) のぶちゃんと友だちになったのは、どんな日ですか。
（さくらの花がいちばんきれいにさいた日）

(二) ア〜エのあの日に、自転車に乗ってのぶちゃんとしたことを、季節ごとに表にまとめましょう。

	季節	したこと
ア	春	(明るい花の下で、)のぶちゃんと友だちになった。
イ	夏	ざりがにをつりに行った。(川原で、待ち合わせをした。)
ウ	秋	いろんな実のふる音の中を、どこかへ急いでいた。
エ	冬	学校へ遊びに行った。池をいつまでものぞきこんでいた。

58

P59

やい、とかげ(6)　名前［　　］

一か月たってから、ぼくの自転車が出てきた。どろまみれになって、町の外れの公園に乗りすててあった。
ア その日から、ぼくは学校から帰ってくると、すぐに自転車に乗って野球をしに行くぼくになった。一度遊びに行ったら夕方まで帰らない、イ 自転車をなくす前のぼくになった。

（教育出版 ひろがる言葉 小学国語 4年(上) 舟崎 靖子）

上の文章を読んで、答えましょう。

(一) ① なくなったぼくの自転車は、いつ、どこで出てきましたか。
いつ（一か月たって）
どこで（町の外れの公園）

② 見つかった自転車は、どんな様子でしたか。
（どろまみれで乗りすててあった。）

(二) ア その日からとは、どの日からですか。
（自転車が出てきた日）

(三) イ 自転車をなくす前のぼくになった。とありますが、どんなぼくになったのでしょうか。二つ書きましょう。
（学校から帰ってくると、すぐに自転車に乗って野球をしに行くぼく。）

（一度遊びに行ったら夕方まで帰らないぼく。）

59

※本書にかかれている解答はあくまでも一例です。答えは、文意があっていれば、〇をして下さい。
「思ったこと」「考えたこと」などは様々なとらえ方があります。児童の思いをよく聞いて〇をつけて下さい。

P60

やい、とかげ(7)

名前［　　　　］

一か月も二か月も、あっというまにすぎた。

その日は、のぶちゃんがなかなかよびに来なかった。

ぼくは待ちきれなくて、自転車に乗ってとなりの原っぱでのぶちゃんを待った。
□、ぼくは、だれかの横目を感じた。それは、石の上の一ぴきのとかげだった。
ぼくは自転車を止めた。

とかげは、ぼくの方に生えたてのしっぽを投げ出して、ア「見ろよ！」というように、横目でぼくを見ている。

イ「見ろよ！」

ぼくも自転車のベルを鳴らした。

「おうい。」

のぶちゃんが、自転車に乗ってやってくるのが見えた。

「おうい、ここだよ。」

ぼくは、自転車をこいで原っぱを出た。

ふり返ると、石の上に、とかげはもういなかった。とかげのいない石がまぶしかった。

やい、とかげ、せっかく生えたしっぽ、なくすなよ。

（教育出版　ひろがる言葉　小学国語　4年（上）　森崎　照子）

上の文章を読んで、答えましょう。

(一) □に当てはまる言葉を[ ]から選んで書きましょう。
（する と）

そして・すると・まるで

(二) ア「見ろよ！」は、何を「見ろよ」と言っているのでしょうか。
（生えたてのしっぽ）

(三) イ「見ろよ！」とぼくも自転車のベルを鳴らしたのは、何のためでしょうか。
（とかげに自転車を見せるため。）

60

P62

三つのお願い (1)

上の文章を読んで、答えましょう。

(一) アこんなのとは、どういうことでしょう。(10)
（一月一日に、自分が生まれた年にできた一セント玉を拾うと、三つのお願いがかなう。）

(二) わたしと友だちの名前を書きましょう。(10×2)
わたし（レナ）
友だち（ビクター）

(三) 二人はどんなかっこうをして、散歩していましたか。(10)
（新しいブーツをはいて、新しいぼうしをかぶって、マフラーをまいていた。）

(四) 雪の中で光っているものは、何でしたか。(10)
（一セント玉）

(五) ビクターが言った言葉は、㋐～㋓のどれですか。(10×2)
（㋐）と（㋒）

(六) ① イどんぴしゃり。お願いがかなった。とありますが、どんなお願いだったのですか。(10×2)
（この寒さ、なんとかならないかなあ。）
② お願いがかなって、どうなりましたか。
（ひょいとお日様が顔を出した。）

(七) ウそうなるとは、どうなることを指していますか。(10)
（一セント玉を拾うと、ほんとうにお願いをかなえてくれるということ。）

P63

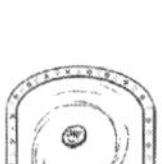

三つのお願い (2)

上の文章を読んで、答えましょう。

(一) （　）の中に言葉を入れましょう。(10×3)
家にもどりながら、わたしの頭の中は、

（ほんとにお願いがかなうのかな）とか、

（だったら何をお願いしようかな）とか、

（とにかく一セント玉）のことでいっぱいだった。

(二) （　）の中に、わたしの名前やよび名を書きましょう。(10×3)
わたしの名前は（ゼノビア）で、
みんなには、（ノービィ）と、
ビクターから（レナ）
よばれている。

(三) なぜゼノビアは、ビクターにだけ「レナ」とよばれているのでしょう。(20)
例
（ゼノビアは大きくなったらハリウッドに行って、えいがに出て歌を歌うつもりだから。ゼノビアはレナ＝ホーンという女優のようになれたらいいなと思っているから。）

(四) ㋐に当てはまる言葉を、[ ]から選んで書きましょう。(10)
（でも）
また
でも
すると

(五) わたしにとってビクターは、どんな友だちですか。(10)
（親友）

※本書にかかれている解答はあくまでも一例です。答えは、文意があっていれば、○をして下さい。
「思ったこと」「考えたこと」などは様々なとらえ方があります。児童の思いをよく聞いて○をつけて下さい。

P64 三つのお願い (3)

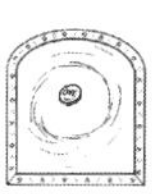

上の文章を読んで、答えましょう。

(一) キッチンの中は、どんな様子でしたか。(10)
（ほかほかあたたかかった。）

(二) テーブルに着くと、二人はどんなふうに話し合いましたか。(10)
（だれにも聞かれないように、こっそり話し合った。）

(三) 上の○の中に、レナが言った言葉には「レ」、ビクターが言った言葉には「ビ」と書き入れましょう。(2×9)

(四) いすからとび上がったのは、だれとだれですか。(10×2)
（ゼノビア（レナ））（ビクター）

(五) ア そのとたんとは、どんなことがあったときですか。また、そのときのビクターの様子を書きましょう。(10×2)
（ゼノビアがビクターに「あんたみたいな人、ここにいてほしくない。帰ってよ。」と言ったとたん）
ビクターの様子
（いすからとび上がって、キッチンからとび出したかと思うと、コートをつかんで、表へかけ出した。）

(六) イ どんぴしゃり。お願いがかなった。とありますが、どんなお願いでしたか。(10)
（あんたみたいな人、ここにいてほしくない。帰ってよ。）

(七) ウ ああ、全く、いやになっちゃう。とありますが、なぜレナは、そんな気持ちになったのでしょう。(12)
（また、お願いをむだにしちゃったから。）

P65 三つのお願い (4)

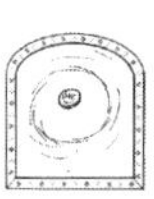

上の文章を読んで、答えましょう。

(一) ママがわたしを「ゼノビア」とよぶのは、どんなときですか。(10)
（おこっているとき）

(二) ア かしこまっての使い方で、正しいものに○をつけましょう。(10)
（　）かしこまって笑う。
（○）かしこまってお願いをする。
（　）かしこまってドッチボールをする。

(三) 次の①②は、だれのことでしょうか。(10×2)
① おまえ（ゼノビア（ノービィ））
② あの子（ビクター）

(四) ママが「ゼノビア、ビクターと何かあったの。」とたずねたのは、どうしてでしょうか。(15)
（ビクターがとび出していったから。）

(五) ゼノビアが、イ ママがなんだか古くさいことを言いだしそうな感じと思ったのは、どうしてでしょう。(15)
（ママがまじめな顔になったから。）

(六) ママは、一つだけかなえてもらえるとしたら、何をお願いすると言いましたか。(15)
（いい友だち（を持つこと。））

(七) ウ へえ、意外。とありますが、ゼノビアは、ママがどう答えると思っていたのでしょうか。(15)
（大人って、ふつうはお金とか、いい車とか、そういうものをほしがると思っていた(のに、いい友だちが大切と言われたから)。）

P66 三つのお願い (5)

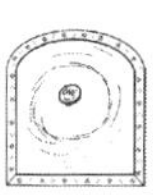

上の文章を読んで、答えましょう。

(一) 「わたし」は、家の前のかいだんにすわって、だれのことを考えていましたか。(10)
（ビクター）

(二) 二人でいっしょにしたことを、五つ書きましょう。(10×5)
（えいがに行った。）
（歌の練習をした。）
（ボール遊びをした。）
（ダイヤモンドみたいな大きな石を見つけた。）
（学校全体の絵をかいた。）

(三) ア なんだか悲しくてしょうがなかった。のは、だれでしょうか。また、それはどうしてでしょうか。(10×2)
だれ（わたし(ゼノビア)）
どうして（いい友だち(ビクター)がいなくなって、さびしいから。）

(四) ① イ どんぴしゃり。お願いがかなった。とありますが、どんなお願いだったのですか。(10×2)
（いい友だちがいなくなって、さびしいよ。もどってきてくれないかな。）
② お願いがかなって、どうなりましたか。
（だれか（ビクター）がこっちを見て、にこにこしながら、すごいいきおいで走ってきた。）

P67 白いぼうし (1)

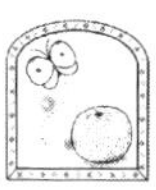

上の文章を読んで、答えましょう。

(一) ①〜⑥は、松井さんとお客の、どちらが言った言葉ですか。（　）に記号を書きましょう。(5×6)
松井さん（②　④　⑥）
お客（①　③　⑤）

(二) 夏がいきなり始まったような暑い日なのは、二人のどんな様子でわかりますか。(15)
（白いワイシャツのそでを、うでまでたくし上げていた。）

(三) お客がレモンのにおいと思ったのは、何のにおいでしたか。(10)
（夏みかん）

(四) ア に当てはまる言葉を、[　]から選んで書きましょう。(10)
（まで）
[から　まで　だけ]

(五) イ あまりうれしかったとありますが、何がうれしかったのでしょう。(15)
（においまでとどけようと、速達で夏みかんを送ってくれたお母さんの気持ちがうれしかったから。）

(六) お客のしんしは、どこで乗って、どこでおりましたか。(10×2)
（ほりばた）で乗って、
（細いうら通りに入った所）でおりた。

※本書にかかれている解答はあくまでも一例です。答えは、文意があっていれば、○をして下さい。
「思ったこと」「考えたこと」などは様々なとらえ方があります。児童の思いをよく聞いて○をつけて下さい。

P68 白いぼうし (2)

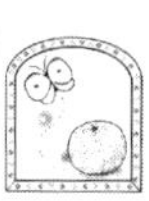

上の文章を読んで、答えましょう。

(一) アクセルをふもうとしたとき、松井さんは何に気づきましたか。(10)

（車道のすぐそばに、小さなぼうしが落ちているのに気づいた。）

(二) 松井さんは、なぜぼうしをつまみ上げたのでしょうか。(15)

（車がひいてしまうと思ったから。）

(三) ① ぼうしの中には、はじめ何が入っていましたか。(10×2)

（もんしろちょう）

② 松井さんは、ぼうしの中に何を入れましたか。

（夏みかん）

(四) ア小さなぼうしをつかんで、ため息をついている松井さんと同じような松井さんの様子が表れているところを、文中から書き出しましょう。(10)

（(ちょっとの間、)かたをすぼめてつっ立っていた松井さん）

(五) 急いで車にもどった松井さんは、何を取り出しましたか。(10)

（夏みかん）

(六) 夏みかんの色を、どのような言葉で表していますか。(10)

（あたたかい日の光をそのままそめ付けたような、見事な色）

(七) ぼうしがとばないように、どうしましたか。(10)

（石でつばをおさえた。）

(八) イそのは、夏みかんのどんな様子を指していますか。(15)

（あたたかい日の光をそのままそめ付けたような、見事な色の、すっぱい、いいにおいがする（夏みかん））

P69 白いぼうし (3)

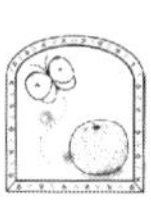

上の文章を読んで、答えましょう。

(一) ア男の子の顔が、見えてきます。とありますが、男の子のどんな顔が見えてくるのでしょうか。(10)

（ぽかっと口をOの字に開けている男の子）

(二) □に入る言葉を、□から選んで書きましょう。(10)

（すると）

でも・なぜなら・すると・そして

(三) ①「ふふふっ。」と笑ったのは、だれですか。(10×2)

（松井さん）

② どうして笑ったのでしょう。

（ちょうがみかんに化けて、男の子がびっくりしている様子を思いうかべたから。）

(四) なぜ松井さんは、イ「おや。」、ウ「おかしいな。」と、思ったのでしょうか。二つ書きましょう。(10×2)

（バックミラーには、だれもうつっていない。）

（ふり返っても、だれもいない。）

(五) エそこは、何を指していますか。(10)

（車を止めて見た、まどの外。）

(六) 点々のもようになってさいていたのは、何でしょうか。(10)

（わた毛と黄色の花の交ざったたんぽぽ）

(七) ① オこんな声は、何と言っていましたか。(10×2)

（「よかったね。」「よかったよ。」）

② それは、どのような声でしたか。

（シャボン玉のはじけるような、小さな小さな声。）

P70 一つの花 (1)

上の文章を読んで、答えましょう。

(一) アこれは、何をさしていますか。(10)

（一つだけちょうだい。）

(二) イそのころとは、いつのことですか。また、どんな食べ物を食べていましたか。(10×2)

いつ（戦争のはげしかったころ）

食べ物（おいもや豆やかぼちゃ）

(三) ① 町の様子は、どうなっていきましたか。(10×2)

（次々に焼かれて、はいになっていった。）

② それは、どうしてですか。

（てきの飛行機が飛んできて、ばくだんを落としていったから。）

(四) ゆみ子が「もっともっと」と言って、いくらでもほしがるのは、どうしてですか。(10)

（いつもおなかをすかしていたから。）

(五) ①「一つだけ——。」が口ぐせになったのは、だれですか。(10×2)

（お母さん）

② それは、どうしてですか。

（いくらでもほしがるゆみ子にお母さんは、「一つだけよ。」と言って自分の分から一つ、ゆみ子に分けていたから。）

(六) ① お母さんの口ぐせを覚えてしまったのは、だれですか。(10×2)

（ゆみ子）

② それは、どんな口ぐせですか。

（一つだけ（ちょうだい。））

P71 一つの花 (2)

上の文章を読んで、答えましょう。

(一) お父さんが戦争に行く日、遠い汽車の駅まで送っていった時の、ゆみ子の様子を二つ書きましょう。(15×2)

（お母さんにおぶわれていた。）

（頭に、(お母さんの作ってくれた、)わた入れの防空頭巾をかぶっていった。）

(二) お母さんのかたにかかっているかばんに入っている物を書きましょう。(10)

（包帯、お薬、配給のきっぷ、おにぎり）

(三) アみんな食べてしまいました。というのは、だれが、何を食べたのでしょうか。(10×2)

だれが（ゆみ子）が　何を（おにぎり）を

(四) お母さんはなぜ、おにぎりをみんな食べさせたのでしょうか。(15)

（戦争に行くお父さんに、ゆみ子の泣き顔を見せたくなかったから。）

(五) ㋐～㋒の□に、□から言葉を選んで書きましょう。(5×3)

㋐（また）　㋑（たえず）　㋒（まるで）

しかし・まるで・また・たえず

(六) ゆみ子たちは、駅のどこにいますか。(10)

（プラットホームのはしの方）

※本書にかかれている解答はあくまでも一例です。答えは、文意があっていれば、〇をして下さい。
「思ったこと」「考えたこと」などは様々なとらえ方があります。児童の思いをよく聞いて〇をつけて下さい。

P72 一つの花 (3)

上の文章を読んで、答えましょう。

(一) ア いよいよと同じ使い方をしているものに、〇をつけましょう。(10)

( ) いよいよ食べよう。
(〇) いよいよみんなともお別れです。
( ) 風がいよいよはげしくなった。

(二) 「みんなおやりよ、母さん。おにぎりを——。」の言い方を、ふつうの言い方に書きかえましょう。(10)

（母さん。おにぎりをみんなおやりよ。）

(三) イ はだれの言葉ですか。また、どんな気持ちで言っていますか。(15×2)

だれの言葉（お母さん）

どんな気持ち（ゆみ子を泣かせたくない、つらい気持ち。）

(四) お父さんは、なぜ、ぷいといなくなったのでしょう。(15)

（コスモスの花を見つけたから。）

(五) お父さんは、どうしてあわてて帰ってきたのでしょう。(15)

（泣いているゆみ子をはやく喜ばせてあげたいから。(汽車が発車するから)。）

(六) ウ それとは、何を表していますか。(10)

（ゆみ子が、花をもらって、キャッキャッと足をばたつかせて喜んだようす。）

(七) エ 何も言わずに、汽車に乗って行ってしまいました。ゆみ子のにぎっている、一つの花を見つめながら——。の二つの文を、一つの文に書きかえましょう。(10)

（ゆみ子のにぎっている、一つの花を見つめながら、何も言わずに、汽車に乗って行ってしまいました。）

P73 ごんぎつね (1)

上の文章を読んで、答えましょう。

(一) どうしてごんは、外へも出られなくて、あなの中にしゃがんでいたのですか。(10)

（二、三日雨がふり続いたから。）

(二) ア ほっとしてと、同じ使われ方をしている文に〇をつけましょう。(10)

(〇) テストが終わって、ほっとした。
( ) ほっとして、けがをした。
( ) ほっとしたとたん、急に飛び出した。

(三) 三日もの雨で、水がどっとましていたことがよくわかるところを書き出しましょう。(10)

（ただのときは水につかることのない、川べりのすすきやはぎのかぶが、黄色くにごった水に横だおしになって、もまれています。）

(四) イ 川の中に人がいたのは、だれだったのですか。(10)

（兵十）

(五) ① 草の深い所へ歩きよったのは、だれでしょう。(5×2)

（ごん）

② なぜ草の深い所へ歩きよったのですか。

（兵十に見つからないようにのぞいてみるため。）

(六) 兵十の様子を（ ）に書き入れましょう。(10×3)

（ぼろぼろの黒い着物）をまくし上げて、はちまきをした顔の横っちょうに（円いはぎの葉が一まい）、（大きなほくろ）みたいにへばり付いていた。

(七) 上の文で、ごんのいた場所を、順に（ ）に書きましょう。(5×4)

（あなの中）→（あなの外）→
（小川のつつみ）→（川下の(方への)ぬかるみ道）
↓
（草の深い所）

P74 ごんぎつね (2)

上の文章を読んで、答えましょう。

(一) 草の中からとび出したごんは、何がしたくなったのですか。(10)

（(ちょいと、)いたずら）

(二) (一)でやったことを、具体的に書きましょう。(15)

（びくの中の魚をつかみ出しては、あみより下手の川の中を目がけて、ぽんぽん投げこんだ。）

(三) ① 「うわあ、ぬすっとぎつねめ。」と言ったのはだれでしょう。(15×2)

（兵十）

② なぜ「うわあ、ぬすっとぎつねめ。」と言ったのですか。

（兵十は、ごんがうなぎをぬすもうとしていると思ったから。）

(四) 一生けんめいににげているごんの様子がわかるところを、書き出しましょう。(10)

（そのまま横っ飛びに飛び出して、）

(五) ごんは、どこでふり返りましたか。(10)

（(ほらあなの近くの)はんの木の下）

(六) ア ほっとしてとありますが、それはどうしてでしょう。(10)

（兵十が追っかけて来ないから。）

(七) ほっとしたごんは、その後どうしたのでしょう。(15)

（うなぎの頭をかみくだき、やっと外して、あなの外の草の葉の上にのせておいた。）

P75 ごんぎつね (3)

上の文章を読んで、答えましょう。

(一) 兵十は、いどの所で何をしていましたか。(10)

（麦をといでいた。）

(二) なぜごんは「おれと同じ、ひとりぼっちの兵十か。」と、思ったのでしょう。(10)

（兵十もおっかあが死んで、ひとりぼっちになったから。）

(三) ごんは、兵十をどこから見ていたのでしょう。(10)

（(こちらの)物置の後ろ）

(四) ア そうは、何を指していますか。(10)

（おれと同じ、ひとりぼっちの兵十か。）

(五) ㋐・㋑は、だれの言った言葉ですか。(10×2)

㋐（いわし売り）㋑（弥助のおかみさん）

(六) 弥助のうちへ入ったのはだれですか。(10)

（いわし売り）

(七) ごんが兵十のうちのうら口から、うちの中へいわしを投げこんだあと、なぜ、あなへ向かってかけもどったのですか。(15)

（いわし売り(または、兵十)に見つかったらこまるから。）

(八) イ いいこととは、どんなことですか。(15)

（兵十のうちの中へいわしを投げこんだこと。）

※本書にかかれている解答はあくまでも一例です。答えは、文意があっていれば、○をして下さい。
「思ったこと」「考えたこと」などは様々なとらえ方があります。児童の思いをよく聞いて○をつけて下さい。

P76 ごんぎつね (4)

上の文章を読んで、答えましょう。

(一) ごんは、うら口からこっそり入って、何をしようと思ったのですか。(15)

（くりを置こうと思った。）

(二) ア きつねのことを、兵十はどう思ったのでしょうか。(15)

（こないだ、うなぎをぬすみやがったあのごんぎつねめが、またいたずらをしに来たな。）

(三) イ 「ようし。」で、兵十のどんな気持ちがわかりますか。(20)

（ごんを火なわじゅうでうとう。）

(四) 兵十は、なぜ ウ 「おや。」とびっくりしたのですか。(15)

（土間にくりが固めて置いてあるのが目についたから。）

(五) エ ごんに目を落としました。とありますが、どういう意味ですか。(15)

（(下にたおれている)ごんの方を見ました。）

(六) オ 兵十は、火なわじゅうをばたりと取り落としました。とありますが、兵十の気持ちを書きましょう。(20)

例（しまった、うたなければよかった。）

P77 こわれた千の楽器 (1)

上の文章を読んで、答えましょう。

(一) 楽器倉庫は、どこにありましたか。(15)

（ある大きな町のかたすみ）

(二) ア そことは、どこのことですか。(10)

（楽器倉庫）

(三) 楽器たちが、くもの巣をかぶって、ねむっていたことから、どんなことがわかりますか。(10)

（ずっと前からおかれている。）

(四) ㋐～㋔は、だれが言った言葉ですか。(6×5)

㋐（月）
㋑（チェロ）
㋒（月）
㋓（チェロ）
㋔（ハープ）

(五) どうしてチェロは、しょんぼりとして言ったのでしょうか。(15)

（うそを言ってしまったから。）

(六) 半分しかないげんをふるわせて言ったハープの気持ちを二つ書きましょう。(10×2)

（自分がこわれた楽器だなんて、思いたくない。）
（夢の中では、いつもすてきなえんそうをしている。）

P78 こわれた千の楽器 (2)

上の文章を読んで、答えましょう。

(一) ㋐～㋕は、だれが言った言葉ですか。(6×6)

㋐（ホルン）　㋑（トランペット）
㋒（たいこ）　㋓（ビオラ）
㋔（ピッコロ）　㋕（もっきん）

(二) ア こんなにこわれてしまっていて、とありますが、たいこはどうなっているのですか。(10)

（やぶれている。）

(三) もっきんのはずんだ声から、どんな気持ちがわかりますか。(10)

（自分もまたえんそうができるかもしれないので、うれしい。）

(四) 「やろう。」「やろう。」とは、何をやろうと言っているのですか。(10)

（えんそう）

(五) イ 楽器たちとは、どんな楽器ですか。四種類以上書きましょう。(10)

（(一)の答えのほか、バイオリン、コントラバス、オーボエ、フルート、ビオラから四つ以上書ければ○）

(六) ①の言葉から、どんな練習の様子がうかびますか。(12)

（注意しあったり、はげましあったりしている。）

(七) 楽器たちは、なぜおどり上がって喜んだのでしょう。(12)

（毎日毎日練習して、やっと音が出たから。）

P79 こわれた千の楽器 (3)

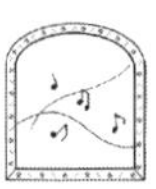

上の文章を読んで、答えましょう。

(一) ア そこは、何を指しますか。(15)

（楽器倉庫）

(二) 月が聞いた音楽は、だれがえんそうしていたのでしょう。(15)

（千の楽器）

(三) 千の楽器のことを表す文を、三つ書きましょう。(10×3)

（こわれた楽器は、一つもありません。）
（一つ一つがみんなりっぱな楽器です。）
（おたがいに足りないところをおぎない合って、音楽をつくっているのです。）

(四) ㋐～㋒の□に入る言葉を、[ ]から選んで書きましょう。(10×3)

[それは　そして　すると　これは　でも]

㋐（すると）
㋑（それは）
㋒（そして）

(五) イ 光の糸を大空いっぱいにふき上げました。から、どんな様子がうかびますか。当てはまる文に○をしましょう。(10)

（　）光のたばが、だんだん糸のように細くなっていく様子。
（　）空のはしからはしへ、一本の光の糸をたらした様子。
（○）月の光が何本もの光の糸になって夜空を明るく照らした様子。

※本書にかかれている解答はあくまでも一例です。答えは、文意があっていれば、○をして下さい。
「思ったこと」「考えたこと」などは様々なとらえ方があります。児童の思いをよく聞いて○をつけて下さい。

P80

夏のわすれもの (1)

上の文章を読んで、答えましょう。

(一) 暑い暑い日だったことがわかる文を、文中から書き出しましょう。(10)

（まどの風りんはチリンとも鳴らない。）

(二) おじいちゃんとかずえは、何をしていますか。(10)

（草取り）

(三) ア うき輪をおじいちゃんに見せて、とありますが、ぼくはおじいちゃんに、どんなことを知らせたかったのでしょう。(20)

（これから川へ行くこと）

(四) ① イ にぎやかな声を聞いたぼくは、どんな気持ちになりましたか。(10)

（ぼくだけが仲間外れにされてるようで、気持ちがあせった。）

② それから、ぼくは、どうしましたか。(10)

（飛ぶように坂道をかけ下りた。）

(五) ウ ひときわ大きい岩は、何の真ん中にありますか。(10)

（三つの岩）

(六) ㋐・㋑は、だれの言葉ですか。(10×2)

㋐（いっちゃん）

㋑（ぼく（まさる））

(七) 『ナンマイダー飛び』とは、どんな飛び方でしょうか。(10)

（空中であぐらをかいて、両手を合わせて飛ぶ。）

P81

夏のわすれもの (2)

上の文章を読んで、答えましょう。

(一) 一番の飛びこみ名人はだれですか。(10)

（いっちゃん）

(二) 『ムササビ飛び』とは、どんな飛び方ですか。(10)

（両手と両足をめいっぱい広げて、そのまま水面を切るように飛びこむ。）

(三) ア うれしくてたまらないのは、だれの顔ですか。また、どうしてうれしいのでしょうか。(10×2)

だれ（いっちゃん）

どうして（ムササビ飛びをリクエストされたから。）

(四) 救急車のサイレンの音が鳴ったのは、いつでしたか。(10)

（みんなの目がいっちゃんに集まったとき。）

(五) ① イ いっちゃんがムササビに変身したのは、どこでですか。(10)

（ふんすい岩よりも高い所）

② そのときのいっちゃんは、どんな様子でしたか。(10)

（両手と両足がすうっと開いた。）

(六) 『人間ダーツ』とは、どんな遊びですか。(10)

（川上から流したうき輪に足から飛びこんで、命中率をきそうスリル満点のゲーム）

(七) ウ にぎやかだったふんすい岩から音が消えたとは、どういうことですか。わかりやすく説明しましょう。(20)

例（にぎやかに遊んでいた子どもたちが、まさしにいちゃんの言葉でシーンとなった。）

P82

夏のわすれもの (3)

上の文章を読んで、答えましょう。

(一) ア ふんすい岩通いをしているのは、だれですか。(10)

（ぼく（まさる））

(二) とうとうばく発したお母さんが言った言葉と、したことを書きましょう。(15×2)

言った言葉（「まさる！ 宿題がまだ残ってるんでしょ！ 川へ行くのもいいかげんにしなさい！」）

したこと（うき輪をぼくからうばい取って投げすてた。）

(三) エ えん筆でちゃぶ台をたたいたのは、だれですか。(10)

（ぼく（まさる））

(四) ㋐～㋓は、だれが言った言葉ですか。(5×4)

㋐（おばあちゃん）

㋑（ぼく（まさる））

㋒（おばあちゃん）

㋓（おじいちゃん）

(五) ウ 黄金の光とは、何のことですか。(15)

（太陽にてらされて金色に光るひまわり畑）

(六) エ ひまわり畑が、いつもとちがって見えたのは、どうしてですか。(15)

（おじいちゃんの言葉を思い出したから。）

P83

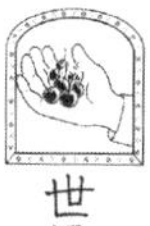

世界一美しいぼくの村 (1)

上の文章を読んで、答えましょう。

(一) アフガニスタンという国は、どこにありますか。(15)

（アジアの真ん中）

(二) ① アフガニスタンという国は、どんな国だと思われていますか。(10)

（めったに雨がふらないので、かわいた土とすなばかりの国）

② アフガニスタンは、美しい自然がいっぱいの国です。春と夏の自然の様子を書きましょう。(10×2)

春…（花がさきみだれる。）

夏…（果物がたわわに実る。）

(三) ヤモが住んでいる村の名前を書きましょう。(10)

（パグマン）

(四) 村人たちが一年でいちばん楽しいのは、どんなときでしたか。(15)

（家族そろって、あんずや、すももや、さくらんぼのとり入れをするとき）

(五) ヤモは、兄さんと何の競争をしていたのですか。(15)

（すももやさくらんぼ取り）

(六) どうして今年の夏、兄さんはいないのでしょう。(15)

（兵隊になって、戦いに行ったから。）

※本書にかかれている解答はあくまでも一例です。答えは、文意があっていれば、○をして下さい。
「思ったこと」「考えたこと」などは様々なとらえ方があります。児童の思いをよく聞いて○をつけて下さい。

P84
世界一美しいぼくの村 (2)

上の文章を読んで、答えましょう。

(一) ① ろばのポンパーのせなかで重そうにゆれているのは、何でしょう。(10×2)

（あまいすももと真っ赤なさくらんぼ）

② ①は、何のためにろばのせなかに乗せてあるのですか。

（町へ（果物を）売りに行くため。）

(二) 今日、町へ行ったのは、だれとだれですか。(10×2)

（父さん）と（ヤモ）

(三) 町に着いて、ヤモが目・耳・鼻で感じたものを書きましょう。(10×3)

目…（羊の市が立っている。）
耳…（にぎやかな声があちらこちらから聞こえる。（いり豆売りのおじさんの声））
鼻…（シシカバブ（焼き肉）やパンの焼けるにおい。）

(四) すももとさくらんぼは、だれがどこで売りますか。(5×4)

	だれが	どこで
すもも	父さん	広場
さくらんぼ	ヤモ	町の中を回って

(五) 屋根付きバザールに行ったときの、ヤモの様子を書きましょう。(10)

（ポンパーに引っぱられるようにして、しかたなく行った。）

P85
世界一美しいぼくの村 (3)

上の文章を読んで、答えましょう。

(一) ア色とりどりの小さな店が、所せましとならんでいます。買い物をする人。お茶を飲む人。から、バザール（市場）のどんなことがわかりますか。(15)

（お店がたくさんあり、人も多い。）

(二) ヤモは、何が心配になったのですか。(15)

（さくらんぼがこんなところで売れるかどうか。）

(三) ① ヤモのがっかりしている様子がわかるところを書きましょう。(10×2)

（道ばたにすわりこみました。）

② どうしてがっかりしたのでしょうか。

（（勇気を出してよんでみても）だれもふり向いてくれないから。）

(四) さくらんぼをさいしょに買ってくれたのはだれですか。(15)

（小さな女の子）

(五) ①「ぼうや、わたしにもおくれ。」と言った人は、どんな人ですか。(10×2)

（足のない人（おじさん））

② その人はなぜ「なつかしいな。」と言ったのでしょう。

（昔、パグマンの近くで果物を作っていたから。）

(六) イヤモは、どきっとしました。とありますが、どうしてどきっとしたのですか。(15)

（（戦争に行っている）ハルーン兄さんの顔が思いうかんだから。）

P86
世界一美しいぼくの村 (4)

上の文章を読んで、答えましょう。

(一) ア「父さん！ みんな売れちゃった！」とありますが、何が売れたのですか。(10)

（さくらんぼ）

(二) チャイハナへ、何をしに行ったのですか。(10)

（（おそい）昼ごはんを食べるため。）

(三) ㋐～㋙は左の三人のうち、だれの言葉ですか。（　）に記号を書きましょう。(3×10)

ヤモ（㋐㋒㋘）
お父さん（㋑㋔㋖㋗㋙）
おじさん（㋓㋕）

(四) ① イヤモは何だかむねがいっぱいになってきました。とありますが、㋐～㋙のどの言葉を聞いて、そうなったのでしょう。記号を書きましょう。(10)

（㋕）

② その時のヤモの気持ちを、左から選んで○をしましょう。(10)

（　）楽しくて、うれしい気持ち
（○）心配で、不安な気持ち
（　）とてもびっくりしている

(五) ①～③のおじさんは、それぞれ、どこで会ったおじさんですか。合うものを線で結びましょう。(10×3)

- ① — 父さんの店のとなりのおじさん
- ② — バザールでヤモからさくらんぼを買ってくれたおじさん
- ③ — チャイハナであったおじさん

P87
世界一美しいぼくの村 (5)

上の文章を読んで、答えましょう。

(一) おいのりの声が流れてくるのは、どこからですか。(10)

（広場のモスク）

(二) アびっくりする所とは、どこだったのですか。(10)

（羊の市場）

(三) もうけたお金を全部使って、買ったものは何でしたか。(10)

（真っ白な子羊を一頭）

(四) なぜ羊を見たら、きっとみんなおどろくのでしょう。(15)

（こんなきれいな羊は、村のだれも持っていないから。）

(五) パグマンのことを、ヤモはどんな村だと言っていますか。(15)

（世界一美しいぼくの村）

(六) ウうちの家族がふえたんだよ。とありますが、どういうことですか。(15)

（白い子羊がうちにいるよ。）

(七) ㋐～㋓の中で、ヤモのねがいが表れている言葉はどれですか。記号を書きましょう。(15)

（㋓）

(八) 世界一美しいぼくの村は、その後どうなりましたか。(15)

（戦争ではかいされ、今はもうない。）

※本書にかかれている解答はあくまでも一例です。答えは、文意があっていれば、○をして下さい。
「思ったこと」「考えたこと」などは様々なとらえ方があります。児童の思いをよく聞いて○をつけて下さい。

P88

やい、とかげ (1)

上の文章を読んで、答えましょう。

(一) ぼくが自転車をなくしたのは、どうしてぼくが悪いのですか。(10)

（自転車のかぎをかけないで、文ぼう具屋の前に止めておいたから。）

(二) 手品みたいに真昼の道路から消えてしまったのは、何でしたか。(10)

（自転車）

(三) ㋐と㋑は、だれが言った言葉ですか。(10×2)

㋐（母さん）㋑（のぶちゃん）

(四) 上の文章を二つに分けるとすると、二つ目の文の初めはどこになりますか。初めの三文字をぬき書きしましょう。(10)

（次の日）

(五) 次の二人が、学校から帰ると、いつものようにしたことを書きましょう。(10×2)

のぶちゃん（自転車に乗って遊びにきた。自転車に乗ったまま、ベルを鳴らしてぼくをよんだ。）

ぼく（げんかんの戸を開けて出ていった。）

(六) ① の中に入る言葉を、左から選んで○でかこみましょう。(10)

そして・（けれど）・まだ

(七) ぼくが、のぶちゃんといっしょにア行かなかったのではなくて、行けなかった理由を二つ書きましょう。(10×2)

（自転車の二人乗りは学校で禁止されているから。）

（東町公園まで歩いていくには一時間かかるから。）

P89

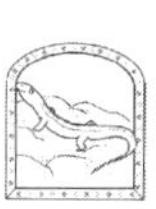

やい、とかげ (2)

上の文章を読んで、答えましょう。

(一) まぶしく見える原っぱのことを、何にたとえていますか。(15)

（照明に照らし出された学校のホールのぶたい）

(二) 何のことを照明と言っていますか。(10)

（お日様）

(三) 原っぱでピッチャーのポーズをとったのは、何のためですか。(15)

（ろう石をすてる(投げる)ため。）

(四) アぼくはだれの横目を感じた。とありますが、だれの横目を感じたのですか。(10)

（とかげ）

(五) (四)の横目は、何と言っているようでしたか。(15)

（やい、自転車をなくしていい気味だぞ。）

(六) なぜナイスピッチングなのでしょう。(15)

（とかげのいる石に、ろう石が当たったから。）

(七) ① イ息をのんだ。の正しい使い方の文に○をしましょう。(10×2)

（○）火口をのぞきこんで、そのすごさに息をのんだ。

（　）百メートルを全力で走って、息をのんだ。

（　）お客がつぎつぎと来て、息をのむひまもない。

② なぜぼくは息をのんだのでしょう。

（とかげにろう石を当てるつもりはなかったのに、当たってしまったから。）

P90

アジアの笑い話 (1)

上の文章を読んで、答えましょう。

(一) ホジャの母親は、だれとどこへ何をしに行ったでしょう。(10×3)

だれと（近所の人）

どこへ（湖）

何をしに（せんたく）

(二) アそのすがたとは、だれの、どんなすがたでしょうか。(10×2)

だれ（ホジャ）

どんなすがた（戸をはずしてせなかにせおっている。）

(三) ㋐〜㋓のうち、ホジャが言った言葉はどれですか。（　）に記号を書きましょう。(10)

（㋓）

(四) イ二人の言いつけとありますが、だれがどんな言いつけをしたのか、それぞれ答えましょう。(10×4)

[一人め]

だれ（母親）

言いつけ（表の戸をしっかり番して、決してはなれるんじゃないよ。）

[二人め]

だれ（おじさん）

言いつけ（夕方に、おばさんといっしょにまた来るからな。そう、おっさんに知らせとくれ。）

P91

アジアの笑い話 (2)

上の文章を読んで、答えましょう。

(一) アーファンティは、何をしながら、どこでくらしていましたか。(10×2)

何をしながら（馬や羊を育てながら）

どこで（草原）

(二) アーファンティは、何を食べていますか。(10×2)

春や夏…（羊の肉）

秋や冬…（馬の肉のソーセージ）

(三) よろず屋に売るのは何ですか。(10)

（あまった羊や馬のあぶら）

(四) アおかしいですなあ。とありますが、何がおかしいのでしょうか。また、どうしておかしいのでしょうか。(10×2)

何がおかしい（あぶらの分量が足りないはずはないから。または、あぶらは一きんあるはずだから。）

どうして（よろず屋から買った一きんの塩をおもりの代わりにしてあぶらの目方を量ったから。）

(五) あぶらはほんとうに一きんありますか。ありませんか。(10)

（ない）

(六) よろず屋のあるじは、あぶらの分量が足りないとアーファンティに文句を言えますか。言えませんか。また、それはどうしてですか。(10×2)

（言えない）

どうして（よろず屋がアーファンティに売った塩も一きんより少なかったから。）

※本書にかかれている解答はあくまでも一例です。答えは、文意があっていれば、○をして下さい。
「思ったこと」「考えたこと」などは様々なとらえ方があります。児童の思いをよく聞いて○をつけて下さい。

P92 アジアの笑い話 (3)

上の文章を読んで、答えましょう。

(一) 大工とかじ屋の家はどこにありましたか。(10×2)

大工（大臣のお屋しきの左どなり）

かじ屋（大臣のお屋しきの右どなり）

(二) それぞれ、どんな音がしますか。カタカナで書きましょう。(10×2)

大工の家（シュルシュルル、トントン）

かじ屋（トンテンカン、トンテンカン）

(三) ㋐・㋑の□に入る言葉を、[　]から選んで書きましょう。(10×2)

[また・ところが・とうとう・さて]

㋐（とうとう）　㋑（ところが）

(四) ア大臣は、これにはほとほと弱りました。とありますが、大臣は、だれの何の音に弱ったのでしょうか。二つ書きましょう。(10×2)

（大工のかんなや金づちの音）

（かじ屋の鉄のかたまりを打つつちの音）

(五) イおかしなことは、何がおかしいのでしょうか。(10)

（大工とかじ屋が引っこしたあとも、にぎやかな音が聞こえてくるから。）

(六) ウふに落ちないの使い方が正しい文に○をつけましょう。(10)

（○）わたしだけおこられるのは、ふに落ちない。

（　）今日がたん生日だなんて、ふに落ちない。

（　）ぼくが代表に選ばれるだなんて、ふに落ちない。

P93 ポレポレ (1)

上の文章を読んで、答えましょう。

(一) ぼくが、毎日のように病院へ行っているのはなぜですか。(10)

（友達のピーターが、けがをして入院したので。）

(二) その病院は、何が変わっているのでしょう。(10)

（かんごふさんも、かん者さんも、「ジャンボ!」と、スワヒリ語であいさつをする。）

(三) ぼくは、何小学校の何年何組で、名前は何といいますか。(5×3)

（高渡）小学校

（四）年（一）組

名前（田代友樹）

(四) ピーターは、どこの国から来た転校生ですか。(10)

（(アフリカの)ケニア）

(五) ピーターが話せるのは何語ですか。(5×3)

（英）語（日本）語

（スワヒリ）語

（スワヒリ）語で（こんにちは）(10×2)

(七) ピーターは、どんな男の子でしたか。(10×2)

（陽気で人なつっこい）せいかくで、

（よくしゃべる）男の子

P94 ポレポレ (2)

上の文章を読んで、答えましょう。

(一) ピーターが言った「ポレポレでいこうよ。」は、何で、どういう意味ですか。(10×2)

何語（スワヒリ）語

意味（ゆっくり、のんびり）

(二) ㋐〜㋒の□に入る言葉を、[　]から選んで書きましょう。(10×3)

[そのうちに　やはり　でも　それから]

㋐（でも）

㋑（それから）

㋒（そのうちに）

(三) ひどいときには、どんなことを「ポレポレ」と言ってごまかすのですか。(10)

（ちこくをしてきて、先生に「どうかしたの。」ときかれたとき。）

(四) ピーターのア人さし指は、何を指していますか。(10)

（空）

(五) 運動場に出たぼくが見たものを、三つ書きましょう。(10×3)

（(楽しそうに遊んでいる)大きい子や小さい子）

（(かがやいている)木々のわか葉）

（(つばさを広げて飛んで行きたいような)青い空）

P95 ポレポレ (3)

上の文章を読んで、答えましょう。

(一) ナイロビと日本は、どんなところが同じですか。二つ書きましょう。(10×2)

（高いビルもある。）

（車も走っている。）

(二) ルオ族は、どこに住んでいますか。(10)

（ビクトリア湖の近く）

(三) とても信じられないような話とは、どんな話ですか。(15)

（村人が病気になって、きとうしの所に行くと、不思議なひょうたんから声がして、薬を教えてくれる。）

(四) ピーターが、陽気で人なつっこいせいかくだということは、どこでわかりますか。(10)

（だれにでも声をかけ、あいさつをする。）

(五) ㋐・㋑は、だれが言った言葉ですか。(10×2)

㋐（ピーター）　㋑（近所のおじいさん）

(六) ぼくは、なぜあきれてしまったのですか。(15)

（ピーターが、いつのまにか近所のおじいさんにスワヒリ語を教えていたから。）

(七) ピーターは日本に来る前、どこの町でスワヒリ語を使っていましたか。(10)

（ナイロビ）

※本書にかかれている解答はあくまでも一例です。答えは、文意があっていれば、〇をして下さい。
「思ったこと」「考えたこと」などは様々なとらえ方があります。児童の思いをよく聞いて〇をつけて下さい。

P96 ポレポレ (4)

上の文章を読んで、答えましょう。

(一) ア うきうきしていたのは、どうしてですか。(10)

（あしたから夏休みだから、うれしい。）

(二) ㋐〜㋗は、だれが言った言葉ですか。(5×8)

㋐（ピーター）㋑（ピーター）
㋒（ぼく(友樹)）㋓（母さん）
㋔（ピーター）㋕（ピーター）
㋖（ピーター）㋗（ぼく(友樹)）

(三) 「いずみ」とは、だれのことですか。くわしく書きましょう。(10)

（副クラス委員の加倉いずみ）

(四) 急にピーターが足を止めたのは、どこですか。(10)

（公園の暗がり）

(五) ピーターは、何をするために、地面にすわりこんだのですか。(10)

（うらない）

(六) どうしてぼくは、ピーターの言葉を半分信じていなかったのでしょうか。(10)

（うらないでいずみのいる所がわかるとは思えないから。）

(七) ぼくが考えついた高い建物は、何ですか。(10)

（無人のてん望台）

P97 ポレポレ (5)

上の文章を読んで、答えましょう。

(一) ① てん望台は、どこにありますか。(10)

（駅の向こう側の、おかの上）

② てん望台の下の様子を書きましょう。(15)

（手入れをしてない草が、ぼうぼうと生えていた。）

(二) 何が、ぼくのこわさをふくらませたのでしょうか。(15)

（柱にまきついたらせん階だん）

(三) 上の文章を読んで、ぼくがこわがっている様子が表れているところを書き出しましょう。(15)

（後ろからついていった。）

(四) ピーターとぼくが顔を見合わせた時の、二人の気持ちを書きましょう。(15)

例（いずみがいるのがわかってうれしい気持ち。）

(五) アそうは、何を指していますか。(15)

（「いずみ、すぐに行きます!」）

(六) ピーターが「うらないのこと、ひみつです。」と言ったのは、どうしてですか。(15)

（うらないを村の外で使うと、ばちが当たるから。）

P98 ポレポレ (6)

上の文章を読んで、答えましょう。

(一) ㋐〜㋔は、だれが言った言葉でしょうか。(6×5)

㋐（いずみ）㋑（ピーター）
㋒（ぼく）㋓（いずみ）
㋔（ぼく）

(二) アつぶやいたの使い方で、正しいものに〇をしましょう。(10)

（　）小さな子がうれしそうにつぶやいた。
（〇）友だちが小さな声でつぶやいた。
（　）先生が「よーい、どん。」とつぶやいた。

(三) いずみのことで、クラスのみんなが知っていることは何ですか。(10)

（高い所をこわがること。）

(四) いずみはいつも、だれに、「早くしてよ」ときつく言っていましたか。また、それはどんな時ですか。(10×3)

だれ（同じはんの女の子たち）

どんな時（給食当番のとき・体育道具のかたづけのとき）

(五) ① ㋕はだれが言った言葉ですか。(10×2)

（ピーター）

② ピーターは、いずみに何をいちばん言いたいのだと思いますか。

例（急ぐと、相手のことを考えられなくなる。ポレポレ、たいせつです。）

P99 ポレポレ (7)

上の文章を読んで、答えましょう。

(一) アそう、イその、ウそのは、それぞれ何を指していますか。(10×3)

ア（「かみなり! こわいです。」）

イ（「かみなり! こわいです。」と言った）

ウ（クラスの三人の女の子）

(二) だれが最初に足をすべらせて、三人とも転がったのですか。(10)

（いずみ）

(三) ぼくは、どんなきずができましたか。(10)

（うでと足に、大きなすりきず）

(四) ピーターのけがの様子が分かるところを三つ書き出しましょう。(10×3)

（たおれたままだった。）

（右足を動かそうとして、「うっ」と声をあげた。）

（「ほねが……、おれたかもしれない。」）

(五) ① ぼくが「救急車!」と大声を出したのは、だれに向かって言ったのですか。(10×2)

（いずみの両親、クラスの三人の女の子、その親たち）

② なぜ「救急車!」と大声を出したのですか。

（ピーターがけがをして動けないので、救急車をよんでほしかったから。）

※本書にかかれている解答はあくまでも一例です。答えは、文意があっていれば、〇をして下さい。
「思ったこと」「考えたこと」などは様々なとらえ方があります。児童の思いをよく聞いて〇をつけて下さい。

P100 ポレポレ (8)

上の文章を読んで、答えましょう。

(一) ピーターはどうして入院することになったのですか。⑩

（右足首をこっ折したから。）

(二) ① ぼくたちの夏休みの宿題は、何になったのですか。⑩

（ピーターのおみまい）

② その宿題は、だれがしましたか。(10×3)

（ぼく）（いずみ）（クラスの三人の女の子たち）

(三) ぼくがピーターのことで心配したのは、どんなことですか。⑮

（病院はたいくつだろう。）

(四) ぼくは心配したけれど、病院で、ピーターはどんな様子でしたか。二つ書きましょう。(10×2)

（車いすを使って元気に動き回っていた。）

（かんごふさんやかん者さんをつかまえては、スワヒリ語を教えていた。）

(五) ぼくは、何がおかしくてふき出したのでしょうか。⑮

（いまに病院じゅうでポレポレがはやりだす（だろう）。）

P101 小鳥を好きになった山 (1)

上の文章を読んで、答えましょう。

(一) 山には、けものも鳥も虫も、全く住めなかった。（ア）とありますが、どうしてですか。⑩

（草や木が一本も生えていなかったから。）

(二) あの文で、山が見ていたものと、知っていたことについて書きましょう。(4×5)

見ていたもの（流れる雲）（空）（星）

知っていたこと（太陽の道）（月の道）

(三) どこからかやってきた一羽の小鳥は、どこに止まって、何をしましたか。(10×2)

どこ（岩角）

何をした（羽をつくろった。）

(四) 山は、小鳥のどんな様子にびっくりしましたか。⑩

（羽におおわれた体のやわらかさ）

(五) いの文で、山が小鳥のことで感じたこと、びっくりしたことを書きましょう。(10×2)

感じたこと（小鳥の小さなつめにやさしくつかまれるのを感じた。）

びっくりしたこと（小鳥がうずくまると、羽におおわれた体のやわらかさにびっくりした。）

(六) 小鳥の名前は何といいますか。また、山は、小鳥に何をたのみましたか。(10×2)

名前（ジョイ）

たのんだこと（ここにいてもらうわけにはいかないかね。）

P102 小鳥を好きになった山 (2)

上の文章を読んで、答えましょう。

(一) 小鳥がここに長くいられないのは、なぜですか。⑩

（食べ物や水がないから。）

(二) ① ジョイは、山に、何を約束しましたか。(10×2)

（春になって旅に出たら、必ずここに立ちよる。）

② なぜ約束したのでしょう。

（これまで、また来てほしいなんて言ってくれる山はなかったから。）

(三) ここは（ア）、何を指していますか。⑩

（山）

(四) 山は、小鳥のことを何とよんでいますか。⑩

（お前）

(五) 小鳥は、二、三回しか立ちよれないと言っていますが、それはなぜですか。⑮

（小鳥は、山のように長生きできないから。）

(六) なぜ山はしょんぼりしたのですか。⑮

（小鳥が、二、三回しか来られないと言ったから。）

(七) 山が初めて体験したことが二つ書かれています。何と何ですか。(10×2)

（小鳥に会ったこと。）

（（小鳥の）歌を聞くこと）

P103 小鳥を好きになった山 (3)

上の文章を読んで、答えましょう。

(一) あなたとは（ア）、だれのことですか。⑩

（山）

(二) 何年たっても春になれば、山にジョイの歌声を聞かせるためにはどうすればよいか、ジョイの考えを書きましょう。⑮

（むすめにジョイという名を付け、ここへ来る道を教え、春ごとに歌を聞かせる。その子がまたそのむすめにジョイと名付け、ここへ来る道を教える。）

(三) 山はうれしいようなさびしいような気持ちになった。（イ）とありますが、それぞれどんな気持ちですか。(10×2)

うれしいような気持ち（春になれば、ジョイがまた来てくれる。）

さびしいような気持ち（ここにずうっといてほしいけど、いてもらえない。）

(四) ウとエの言葉は、それぞれ何を指していますか。(10×2)

ウ その（太陽に向かってまい上がったジョイ）

エ それ（「なんとかここにいてもらえないかね？」（山にずっといること））

(五) ジョイの答えも、いつも同じだった。（オ）とありますが、どんな答えなのでしょう。⑮

（「それは無理だわ。でも、来年の春も必ずまいります。」）

(六) ①～②の□に入る言葉を、左の[ ]から選んで書きましょう。(10×2)

①（でも）　②（そして）

[それから・でも・そして・なぜなら]

※本書にかかれている解答はあくまでも一例です。答えは、文意があっていれば、○をして下さい。
「思ったこと」「考えたこと」などは様々なとらえ方があります。児童の思いをよく聞いて○をつけて下さい。

P104 小鳥を好きになった山 (4)

上の文章を読んで、答えましょう。

(一) ① 山の心臓がばく発した季節は、いつですか。(5)
（春）

② ばく発によって、どんなことがおこりましたか。(10)
（固い岩がくだけ、山のおく底からなみだが一気にふき出すと、一すじの流れとなって山はだを流れ落ちた。）

(二) ① ジョイがいつもの春とちがうのは、[1]～[9]のうち何だん落ですか。(5)
（[5]）だん落

② いつもと、何がちがったのですか。(10)
（一つぶの種をくわえてやって来た。）

(三) ① ジョイは、山が流しているなみだの川に近い、岩のわれ目に、何をおしこんだのでしょうか。(5)
（種）

② その場所におしこんだのは、なぜですか。(10)
（いつもしめっているから、芽が出ると思ったから。）

(四) ア それからとは、いつからのことですか。(15)
（ジョイが種を岩のわれ目におしこんでから。）

(五) 岩のわれ目の種は、どのように水分をとりましたか。(15)
（細い根をのばし始め、岩のすき間にしのびこみ、わずかな水をすい上げた。）

(六) イ このは、何を指していますか。(15)
（太陽に向かってせいいっぱい小さな葉を広げた(ジョイがもってきた種からめばえた)）

(七) ㋐・㋑の□には、同じ言葉が入ります。□から選びましょう。(10)
（それでも）

そして ・ また
それでも

P105 小鳥を好きになった山 (5)

上の文章を読んで、答えましょう。

(一) 春が来るたびに、ジョイは何をしましたか。二つ書きましょう。(10×2)
（種を運び、なみだの川のほとりに植えた。）
（歌を歌ってあげた。）

(二) 「何度も(毎年)春が来る」ということを、他にどんな言葉で表現していますか。(10)
（春がめぐってくる。）

(三) ア くだけた岩とありますが、なぜ岩がくだけたのですか。(10)
（草や木の根がどんどんのびて、岩をもろくしたから。）

(四) ① 山のいたみを取りのぞいたのは、何ですか。(10)
（根）

② どのようにして取りのぞきましたか。(15)
（山のひびわれた心臓にとどき、やさしい指のようにわれ目をふさいだ。）

(五) 山のなみだが、幸せのなみだに変わったのは、なぜですか。(15)
（周りに緑がしげり始めたのに気がついたから。(すてきなことが起こっていたから。)）

(六) 年がたつにつれ、山の様子で変わったことを二つ書きましょう。(10×2)
（いくつものせせらぎができて、山はだを歌いながら流れ落ちた。）
（山の土はうるおい、草や木がぐんぐん育っていった。）

P106 小鳥を好きになった山 (6)

上の文章を読んで、答えましょう。

(一) 何が、あれ地をうるおしましたか。(10)
（いくつものせせらぎ）

(二) あれ地がうるおされて、周りの様子はどう変わりましたか。二つ書きましょう。(10×2)
（見わたすかぎり緑に変わった。）
（小さな動物たちが集まってきて、食べ物をさがし、巣を作るようになった。）

(三) ア 大きなゆめを持った山は、草や木をどうしましたか。(15)
（心の底から草や木をかんげいし、力のかぎりはげました。）

(四) 山のゆめがかなえられるよう、草や木は何をしましたか。(10)
（いっぱいにえだをのばし、葉をしげらせた。）

(五) 初めての種は、今どうなっていますか。(10)
（山いちばんの高い木に育った。）

(六) 次の春飛んできたジョイが、今までとちがったところは何ですか。(10×2)
（種）ではなく
（小さな木のえだ）をくわえてきた。

(七) イの文から、これからジョイは、どんなふうにくらしていくと思いますか。(15)
（これからはここに巣を作って、ずっと山でくらす。）

P107 雨の夜のるすばん (1)

上の文章を読んで、答えましょう。

(一) この季節の農家の、晴れた日の仕事は何ですか。二つ書きましょう。(10×2)
（麦のかり取り）
（たまねぎやじゃがいもの取り入れ）

(二) 雨がやってきてからの仕事は何ですか。(10)
（田んぼに水をはって土をこね、さなえを植えつける。）

(三) ア それでもは、何を指していますか。(10)
（日がくれても）

(四) 田をたがやす牛たちの様子を書き出しましょう。(15)
（きつい仕事のためにやせこけて、うき出したあばらぼねがいたいたしい。）

(五) るすばんをしているのは、だれとだれでしょう。また、だれとだれを待っているのでしょうか。(5×4)
（ぼく）と（弟）でるすばん。
（父さん）と（母さん）を待っている。

(六) 長い間待っていることがわかるところを書き出しましょう。(15)
（何度も表に出ては、雨の向こうをのぞきこみました。(おふろはとっくにわいています。)）

(七) イ 残りめしはひゃっこいは、どういう意味でしょう。正しいものに○をしましょう。(10)
（　）残りめしは、たくさんある。
（○）残りめしは、つめたい。
（　）残りめしは、少ない。

※本書にかかれている解答はあくまでも一例です。答えは、文意があっていれば、○をして下さい。
「思ったこと」「考えたこと」などは様々なとらえ方があります。児童の思いをよく聞いて○をつけて下さい。

P108

雨の夜のるすばん (2)

上の文章を読んで、答えましょう。

(一) 米びつの中には、どんなますが入っていましたか。(10)

（大・中・小の三種類のます）

(二) ア二はい目は、ますがそこをかすりました。から、どんなことがわかりますか。(10)

（お米がもうあまりない。）

(三) ㋐～㋓は、弟と兄、どちらの言った言葉でしょうか。記号を書きましょう。(5×4)

弟（㋐㋒）　兄（㋑㋓）

(四) 二人はかまに、大・中・小のますで、それぞれ何ばいのお米を入れましたか。数字を（　）に書き入れましょう。(5×3)

大（2）　中（1）　小（1）

(五) 次の言葉を、わかりやすく書きかえましょう。(10×2)

火をおこす（火をつける）

火を落とす（火を消す（まきを取る））

(六) おかずには、どんな材料を使うつもりでしたか。(5×3)

（じゃがいも）（たまねぎ）（にしん（のひもの））

(七) どうしてぼくらは、にわかにいそがしくなったのですか。(10)

（おかず作りやそうじもすることにしたから。）

P109

雨の夜のるすばん (3)

上の文章を読んで、答えましょう。

(一) ①「ふたが、ふたが。」と言ったのは、だれですか。(10×2)

（弟）

② ふたがどうしたと言っているのでしょうか。

（「だれもさわれへんのに、かまのふたがすすっと動いた。」）

(二) ア一年生とは、だれのことですか。(10)

（弟）

(三) イあんぐりと口を開けました。とありますが、ぼくのどんな気持ちがわかりますか。(10)

（びっくりした。）

(四) ①・②の□に入る言葉を、［　］から選んで書きましょう。(10×2)

①（それから）　②（ところが）

［だから ・ それから ・ ところが］

(五) 「またや、また走った。」とは、何がどうなったのですか。(10×2)

（かまのふた）が、また（動いた）。

(六) (五)は、なぜそうなったのですか。(10)

（ふくれ上がった米つぶがふたをおし上げたから。）

(七) ウごかごかを、ほかの言葉で言いかえましょう。(10)

例（どんどん・いっぱい・たっぷり）

P110

雨の夜のるすばん (4)

上の文章を読んで、答えましょう。

(一) ぼくにつかまっているのは、だれですか。(10)

（弟）

(二) ぼくが、ふたを持ち上げて、かまの中をのぞこうとしたのは、だれが何と言ったからですか。(15)

（弟が「だいじょうぶやろか。」と心配したので。）

(三) ア返事のしようがありませんでした。とありますが、かまの中はどうなっていたのですか。(15)

（米はやっぱりかまの口近くまで、ぎっしりつまっていたから。）

(四) ①～④の□に入る言葉を、［　］から選んで書きましょう。(5×4)

①（が）　②（もう）　③（やがて）　④（とっくに）

［とっくに・やがて・が・もう・まるで］

(五) 「帰ってこいよう。」は、だれをよんでいるのですか。(10)

（田んぼで働いている父さんと母さん）

(六) イその声は、何を指していますか。(15)

（「帰ってきてよう。」「おうい。」）

(七) ウまるで田んぼを相手にけんかでもするように、とは、どのようにして田植えをしていたのでしょうか。(15)

（あらあらしく(手早く)、でもしっかりと）

P111

雨の夜のるすばん (5)

上の文章を読んで、答えましょう。

(一) ㋐～㋓は、だれの言った言葉ですか。(5×4)

㋐（弟）　㋑（ぼく）　㋒（母さん）　㋓（父さん）

(二) どうしてぼくは、柱のかげで小さくなっていたのでしょうか。(10)

（こっぴどくしかられると思ったから。（えらいことしてしもうたから。））

(三) アうれしい失敗について答えましょう。(10×2)

① 何が失敗だったのですか。

（食べられないおかゆをたいてしまったこと。）

② 失敗したのに、どうしてうれしいのでしょうか。

（両親のために二人でいっしょうけんめいおかゆをたいてくれたから。）

(四) 母さんのうれしい気持ちが、とてもよく出ている文を、本文からぬき書きしましょう。(10)

（母さんは目を赤くして、ぼくらの前にしゃがみこむと、もう一度、息がつまるほど、だきしめました。）

(五) イ半にえのおかゆと同じ意味の言葉を、文中からさがして、三つ書きましょう。(10×3)

（できそこないのおかゆ）（食べられへんおかゆ）（ずわずわのおかゆ）

(六) ウできそこないのおかゆは、それから二、三日の間、ぼくらをなやませました。とありますが、わかりやすく書きかえましょう。(10)

（それから二、三日かけて、そのおかゆを食べたが、まずくてつらかった。）

※本書にかかれている解答はあくまでも一例です。答えは、文意があっていれば、○をして下さい。
「思ったこと」「考えたこと」などは様々なとらえ方があります。児童の思いをよく聞いて○をつけて下さい。

P112 ならなしとり (1)

上の文章を読んで、答えましょう。

(一) 上の文章の登場人物を全て書きましょう。(5×5)

（太郎）（次郎）（三郎）
（(病気の)母親）
（(真っ白なかみの)ばあさま）

(二) ① 母親は、何を食べたいと言っていますか。(5×2)

（ならなしの実）

② なぜ、食べたいのですか。

（力が出るそうだから。）

(三) 朝早く家を飛び出したのは、だれですか。(10)

（太郎）

(四) 「どこへゆくんじゃ。」と言ったのは、だれですか。(10)

（真っ白なかみのばあさま）

(五) ア どうしても食べさせたいとありますが、なぜ食べさせたいのだと思いますか。(15)

例（ならなしの実を食べると力が出るそうだと、病気の母親が言ったから。(母親に元気になってほしいから。)）

(六) あ〜うの言葉は、それぞれ何を指していますか。(10×3)

あ そう（「おっかあのためだ。おれがとってくる。」）
い そんなこと（ならなしの実をとりにゆくこと）
う それぞれ（三本の分かれ道の一つずつ）

P113 ならなしとり (2)

上の文章を読んで、答えましょう。

(一) 三本の分かれ道で歌っていたのは何ですか。(10)

（ささの葉）

(二) からすが巣をかけている木の「ゆくなっちゃ とんとん」の歌は太郎に聞こえましたか。(10)

（聞こえない。）

(三) ひょうたんの歌っている歌を書きましょう。(10)

（ゆくなっちゃ　がらがら
ゆくなっちゃ　がらがら）

(四) ① 太郎は、ならなしの木を、どこで見つけましたか。(10×2)

（ぬまのほとり）

② ならなしの実は、どんな実ですか。

（こがね色(の実)）

(五) あ〜えの言葉は、それぞれ何を指していますか。(10×4)

あ そこ（からすが巣をかけている）木
い それ（ゆくなっちゃ　とんとんの）歌
う そう（ゆくなっちゃ　がらがら　ゆくなっちゃ　がらがら）
え そのとたん（太郎のかげがぬまにうつったとたん）

(六) えそのとたんに、どんなことがおこったのでしょうか。(10)

（水がざんぶらさわぎ、まものがあらわれ、太郎をひと飲みにしてしまった。）

P114 ならなしとり (3)

上の文章を読んで、答えましょう。

(一) ア〜オは、だれが言った言葉でしょうか。(3×5)

次郎（ア）
三郎（イ）（オ）
山のばあさま（ウ）（エ）

(二) 山に出かけた次郎は、どうなりましたか。(10)

（まものに飲まれてしまった。）

(三) 三郎は、どうして村の人に母親のことをたのんで、山に向かったのでしょうか。(15)

（太郎・次郎が帰ってこず、三郎も山に向かうので、母親がひとりぼっちになるから。）

(四) 山のばあさまが、三郎にくれたものは何ですか。(10)

（山刀）

(五) 三郎が選んだ道は、三本の分かれ道のうち、どの道ですか。また、その道のささは何と歌っていましたか。(10×2)

どこ（真ん中の道）
何と歌っていたか（ゆけっちゃ　がさがさ）

(六) ① あは、だれとだれのことですか。(5×2)

（太郎）と（次郎）

② いこれは、何を指していますか。(10)

（山刀）

③ うそうは、何を指していますか。(10)

（「そうか。ではもう一度教えてやろう。三本道のささの葉の歌のとおりにゆくんじゃ。……これも持っていくがいい。」）

P115 ならなしとり (4)

上の文章を読んで、答えましょう。

(一) 「ゆけっちゃ　とんとん」という歌は、どこから聞こえてきましたか。(10)

（からすの巣がある木の上）

(二) 「ありがとう」と言ったのはだれですか。また、だれに対してのお礼でしょうか。(10×2)

だれ（三郎）
だれに対して（ゆけっちゃ　とんとんと歌ってくれたからす(の木)）

(三) アあおいでと同じ使い方のものに、○を二つつけましょう。(10×2)

（○）飛んでいる鳥をあおいで見る。
（　）暑いので、うちわであおいでいる。
（○）夜空をあおいで、星を見つめる。

(四) ひょうたんの歌っている歌を書きましょう。(10)

（ゆけっちゃ　がらがら
ゆけっちゃ　がらがら）

(五) ① に入る言葉を、左から選んで○でかこみましょう。(10)

しかし・(やがて)・でも

(六) ① イそれは、何を指していますか。(10×3)

（川を流れてきたふちのかけた赤いおわん）

② どんな赤色をしていましたか。

（今までに見たこともない、きれいな色）

③ 三郎はそれをどうしましたか。

（拾って、ふところにしまった。）

※本書にかかれている解答はあくまでも一例です。答えは、文意があっていれば、○をして下さい。
「思ったこと」「考えたこと」などは様々なとらえ方があります。児童の思いをよく聞いて○をつけて下さい。

P116

ならなしとり (5)

上の文章を読んで、答えましょう。

(一) 三郎は、どの側から、ならなしの木に登ったのでしょうか。(10)
（南の側）

(二) ならなしの実は、どんな実だったのでしょうか。(10)
（こがね色のおいしそうな実）

(三) なぜ、まものがあらわれたのですか。(10)
（足をすべらせ、北側のえだをつかんだ三郎のかげがぬまにうつったから。）

(四) ① まものは三郎に、何で、どこを切られましたか。(10×2)
（山刀でのどを切られた。）
② 切られたまものは、どうなりましたか。
（地ひびきたてて、くずれ落ちた。）

(五) 太郎と次郎は、どこから出てきたのですか。(10)
（まもののはらの辺り）

(六) 次の三人が元気になったのは、なぜですか。(10×2)
太郎 次郎（三郎が拾った赤いおわんで、ぬまの水を飲ませたから。）
母親（ならなしの実を食べたから。）

(七) あ い の言葉は、それぞれ何を指していますか。(10×2)
あ そのとおり（南の側から登るがいい）
い そうして（えだにまたがり、こがね色のおいしそうな実を、せなかのかごにたくさんもぎとって。）

P118

風のゆうれい (1)

名前

118

「風のゆうれい」(1)を読んで、答えましょう。

(一) いろいろな音が聞こえてくる日は、どんな日ですか。(5)
（家の周りで風がうなり、雲がちぎれて飛ぶような日）

(二) 風を追いかけるゆうれいの足音が聞こえるかもしれないのは、どんなときですか。(5)
（とっ風ととっ風の合間に、風がひっそりと静まったとき）

(三) 二人が旅に出た目的は何ですか。(10)
（運をためすため）

(四) 二人は、おばあさんに何を聞いたのですか。(10)
（この大きな川はどうやったらわたれるか。）

(五) ア 一つはかかりませんがね、とありますが、何がかからないのでしょう。また、それはどんな方法ですか。(5×2)
かからないもの（船ちん） 川をわたる方法（泳ぐ）

(六) イ もう一つはかかりますよ。とありますが、何がかかるのでしょう。また、それはどんな方法ですか。(5×2)
かかるもの（船ちん） 川をわたる方法（ここを真夜中に出る船に乗る）

(七) 船に乗ったのは、だれですか。(5)
（ジョナサン）

(八) 泳いだのはだれで、どうして泳ぐことにしたのでしょうか。(5×2)
だれ（デイビッド） どうして（船頭が何をほしがるかわからないから。）

(九) 向こう岸に先に着いたのは、だれですか。(5)
（デイビッド）

(十) ① 船頭がほしいと言ったものは何ですか。(5×2)
（月）
② 船頭がほしいと言ったものを、ジョナサンはどのようにしてあげたのですか。
（コップを取り出して川の水をすくい、それを船頭にわたした。）

(十一) ア〜エは、それぞれ何を指していますか。(5×4)
ア これ（これからするお話）
イ これ（泳ぐ(泳いでわたる)方法）
ウ それ（全部シャツにくるんだ持ち物）
エ それ（川の水が入ったコップ）

P119

風のゆうれい (2)

上の文章を読んで、答えましょう。

(一) アの言葉は、だれにたずねているのですか。(10)
（小さなおじいさん）

(二) ア これは、何を指しますか。(10)
（谷のふちをぐるっと回る方法）

(三) ① イ もう一つは、どんな方法ですか。(10×2)
（この山にすむ、ワシのせなかに乗せてもらう方法）
② その方法は、谷をわたるのに、どれくらい時間がかかりますか。
（一分）

(四) ウ あぶない目とは、どんなことでしょうか。(10)
（ワシの質問に答えられないと、谷底へふり落とされる。）

(五) イ〜エの中で、デイビッドとジョナサンが言った言葉は、それぞれどれでしょうか。(5×2)
デイビッド（ウ） ジョナサン（エ）

(六) ①・②の□に入る言葉を、[ ]から選んで書きましょう。(5×2)
①（しかし） ②（そこで）
[ちょうど・そこで・しかし・そこには]

(七) 約束の場所に先に、着いたのは、だれですか。(10)
（ジョナサン）

(八) ① 真冬に夏のお日様を見つける方法について、何と答えましたか。(10×2)
（草の葉っぱをさがせ）
② なぜ、そう答えたのですか。
（植物はみんな、葉っぱに夏のお日様をためこんでいるから。）

※本書にかかれている解答はあくまでも一例です。答えは、文意があっていれば、○をして下さい。
「思ったこと」「考えたこと」などは様々なとらえ方があります。児童の思いをよく聞いて○をつけて下さい。

P121

風のゆうれい (3)

121 名前

「風のゆうれい」(3)を読んで、答えましょう。

(一) 二人は海辺で、水夫に何をたずねましたか。(7)
（どうやったら海をわたれるか）

(二) 水夫の言った二つの方法を、（　）にわかりやすくまとめましょう。(5×4)
①一つは（船に乗る）方法
きけんなことは、（海は深いし、あらしや高波や海のかいぶつにもおそわれる。）
②もう一つは（海のまほう使いをたずねて、まほうでわたしてもらう）方法
安全なかわりに（まほう使いの言うことを聞かなくてはいけない。）

(三) デイビッドは、(二)の①・②のうち、どちらの方法をとりましたか。番号で答えましょう。また、その理由も書きましょう。(5×2)
方法（①）理由（まほう使いの言うことを聞くくらいなら、海のきけんと戦うほうがいい。）

(四) ㋐・㋑は、それぞれだれが言った言葉ですか。(5×2)
㋐（まほう使い）㋑（ジョナサン）

(五) 「ジョナサンは追いかけていきました。」とありますが、何を追いかけていったのでしょうか。(5)
（そよ風）

(六) デイビッドが向こうの陸地に着くまでに、どんな大変なことがありましたか。二つ書きましょう。(9×2)
（あらしになったり、船がちがう方向へ流されたりした。）（雨や寒さや海のかいぶつとも戦った。）

(七) 「そこ」は、何を指していますか。(5)
（向こうの陸地）

(八) デイビッドは、何のために風車を建てたのでしょうか。(5)
（羽を風で回してもらって、粉屋になるため。）

(九) 風がいっしゅんやんだようなときに聞こえる、パタパタという足音は、だれが何をしている足音でしょう。(5)
（ジョナサンが(今でも)風を追いかけている足音）

(十) ジョナサンは、今どうしているのでしょうか。(10)
（風をつかまえることも休むこともできず、風のゆうれいになった。）

(十一) 風をつかまえることができたのは、だれだったのですか。(5)
（デイビッド）

P127

三つのお願い かい答用紙1

127 名前

「三つのお願い」(1)・(2)・(3)を読んで、答えましょう。(かい答用紙二枚)

(一) ① このお話の主人公の正式な名前は、何ですか。(8)
（ゼノビア）
② ①の名前以外に、主人公は何とよばれていますか。二つ書きましょう。(6×2)
（ノービィ）（レナ）
③ 正式な名前でよばれている場面が二か所あります。だれに、どんな場面でよばれましたか。(10×2)
（一セント玉のことで言い合いになって、ビクターに、「へんなゼノビア。」と言われたとき。）
（ママに、「ゼノビア、ビクターと何かあったの。」とかしこまってよばれたとき。（ビクターが帰ったのを見たママが、ゼノビアをおこっているとき。））

(二) ① ビクターは、主人公のことを何とよびますか。(10)
（レナ）
② なぜビクターは、①のようによぶのですか。(10)
（ゼノビアは、大きくなったらハリウッドに行って、えいがに出て歌を歌うつもりだから、レナ＝ホーンという女優の名前をとって、レナとよぶ。）

(三) ① ママのいちばん大切なお願いは、何ですか。(10×4)
（いい友だちをもつこと。）
② ママのいちばん大切なお願いを聞いて、主人公はビクターのことをどう思いましたか。
例（ビクターは、すっごくいい友だちだから、けんかをして、いい友だちがいなくなってさびしい。もどってきてほしい。）
③ あなたのいちばん大切なお願いは、ママと同じですか。それとも、ちがいますか。自分のいちばん大切なお願いを書いてみましょう。
（略）
④ なぜそのお願いを選びましたか。理由を書きましょう。
（略）

P128

三つのお願い かい答用紙2

128 名前

「三つのお願い」(1)・(2)・(3)を読んで、答えましょう。(かい答用紙二枚)

(一) ゼノビアが一セント玉にした三つのお願いは、それぞれどんなお願いでしたか。また、そのお願いがかなうと、どうなりましたか。表にまとめましょう。(10×6)

	どんなお願いか	お願いがかなって、どうなったか
一つ目	この寒さ、なんとかならないかなあ。	ひょいとお日様が顔を出した。
二つ目	あんたみたいな人、ここにいてほしくない。帰ってよ。	ビクターがとび上がって、キッチンからとび出したかと思うと、コートをつかんで、表へかけ出した。
三つ目	いい友だちがいなくなって、さびしいよ。もどってきてくれないかな。	ビクターがこっちを見て、にこにこしながら、すごいいきおいで走ってきた。

(二) ゼノビアとビクターは、どんなことで言い合いになりましたか。(10)
（ビクターは、一セント玉にお願いをかなえる力があると思っているが、ゼノビアは、それをしんじていない。）

(三) ・ゼノビアに「何か一つかなえてもらえるとしたら、何をお願いする。」と聞かれて、ママはなぜ、「いい友だちよ、ノービィ。この世でいちばん大切なものだもの。そう、いい友だちよ。」と答えたのだと思いますか。あなたの考えを書きましょう。(10)
（略）

(四) ゼノビアにとって、ビクターはどんな友だちですか。(10)
例（何をするときもいっしょにいて、ひみつを守ってくれるし、すっごくいい友だち。）

(五) あなたは、どんな友だちがほしいですか。(10)
（略）

※本書にかかれている解答はあくまでも一例です。答えは、文意があっていれば、○をして下さい。
「思ったこと」「考えたこと」などは様々なとらえ方があります。児童の思いをよく聞いて○をつけて下さい。

P131

こわれた千の楽器 (1)(2)

131 名前

「こわれた千の楽器」(1)・(2)を読んで、答えましょう。

(一) このお話の主人公(中心になる人やもの)は、だれですか。⑩
（こわれた千の楽器）

(二) このお話に出てきた楽器の名前をすべて書きましょう。⑩
（チェロ・ハープ・ホルン・トランペット・たいこ・ビオラ・ピッコロ・もっきん・バイオリン・コントラバス・オーボエ・フルート）

(三) ① チェロは、月にうそをついてしまったことに対して、どう思っているでしょう。あなたの考えに合うものに○をしましょう。⑩
（　）うそをついてしまったことを、後かいしている。
（　）うそをついてしまったことは、仕方なかったと思っている。
（　）うそをついたことは悪いと思っているが、月にもはらを立てている。
略

② なぜ、それに○をしたのですか。理由を書きましょう。⑩
（略）

③ チェロの言ったことに対して、どんな楽器が、何と言いましたか。⑩
（ハープが、「自分がこわれた楽器だなんて、だれが思いたいものですか。わたしだって、夢の中では、いつもすてきなえんそうをしているわ。」と言った。）

(四) ① えんそうをもう一度したいと言い出したのは、だれとだれですか。(5×2)
（ホルン）と（トランペット）

② えんそうはできないと言ったのは、だれですか。また、どんな理由からできないと言ったのですか。(5×2)
だれ（やぶれたたいこ）理由（こんなにこわれてしまっているから。）

③ えんそうをするための名案を、だれが言いましたか。また、その名案とは、どんなことですか。(5×2)
だれ（ビオラ）名案とは（こわれた十の楽器で、一つの楽器になろう。十がだめなら十五で、十五がだめなら二十で、一つの楽器になるんだ。）

(五) ① 千の楽器のえんそうがとてもきれいなのは、どんなことに気をつけて、えんそうしているからでしょうか。⑩
（略）

② やぶれたたいこは、どんなことに気をつけて、えんそうしたと思いますか。考えて書きましょう。⑩
（略）

P134

やい、とかげ (1)(2)

134 名前

「やい、とかげ」(1)・(2)を読んで、答えましょう。

(一) ① このお話の主人公は、だれですか。⑤
（ぼく）

② ほかに出てくるものをすべて書きましょう。⑤
（母さん・のぶちゃん・とかげ）

(二) ① はじめ、とかげに出会ったのは、自転車をなくしてからどのくらいたったころですか。③
（一日（自転車をなくした次の日））

② ぼくがのぶちゃんと友だちになってから、どのくらいたちますか。④
（一年）

(三) ① ぼくが自転車に乗れなかったのは、どのくらいの間ですか。③
（一か月）

② ①の間、ぼくは学校から帰ると、どのようにすごしていたと思いますか。ぼくになったつもりで書きましょう。⑩
（略）

(四) 『「やい、自転車をなくしていい気味だぞ。」とかげの横目はそう言っていた。』とありますが、なぜぼくには、そう思えたのでしょうか。ぼくになったつもりで書きましょう。⑩
例（自分の不注意で自転車をなくしたために、大すきな野球に行けず、イライラしていたから。）

(五) ① ぼくが自転車をなくしたときの様子を説明しましょう。⑩
（自転車のかぎをかけないで、文ぼう具屋の前に止めておいた。ろう石を買って店を出てきたら、自転車はどこにもなかった。）

② とかげがしっぽをなくしたときの様子を説明しましょう。⑩
（ポケットのろう石をすてようと投げたら、とかげのいる石に当たった。石に当たったろう石はバウンドして、とかげに当たった。）

(六) ① しっぽが生えたてのとかげに出会ったときの、ぼくの気持ちはどれでしょう。当てはまると思うもの一つに、○をしましょう。⑩
略
うれしい・よかった・はらがたつ・くやしい・かなしい・なつかしい・さみしい・生意気だな

② なぜ、それに○をしたのか、理由を書きましょう。⑩
例 「なつかしい」に○をした場合の例
（とかげが「見ろよ！」というように、横目でぼくを見たとき、ぼくも「見ろよ！」と言って、自転車のベルを鳴らしたので、きっとなつかしいと思っている。）

(七) ① このお話に副タイトルをつけるとしたら、次の㋐〜㋒のうち、どれがよいと思いますか。○をつけましょう。どれも当てはまらないと思う場合は、㋓に○をして、□に自分の意見を書きましょう。⑩
略
㋐（　）ぼくの友だち、のぶちゃん　㋑（　）ぼくと自転車　㋒（　）のぶちゃんと自転車
㋓（　）

② なぜ、その副タイトルをつけましたか。理由を書きましょう。⑩
（略）

P139

ポレポレ (1)・(2) かい答用紙1

139 名前

「ポレポレ」(1)・(2)を読んで、答えましょう。(かい答用紙二枚)

(一) 「ポレポレ」(1)・(2)に登場する人で、名前のわかる人を全部書きましょう。⑧
（田代友樹、ピーター(＝オンバーレ)、小松先生、加倉いずみ）

(二) このお話の主人公は、だれですか。⑤
（ピーター(＝オンバーレ)）

(三) このお話に出てくるスワヒリ語の言葉と、その意味を書きましょう。(5×4)

スワヒリ語		意味
（ジャンボ）	＝	（こんにちは）
（ポレポレ）	＝	（ゆっくり・のんびり）
（ハバリガニ）	＝	（元気ですか）
（アサンテ）	＝	（ありがとう）

(四) ピーターは、どこの国の、何という町からやって来たのですか。⑧
（ケニアのナイロビからやって来た。）

(五) ポレポレという言葉がはやり出したのは、どうしてですか。⑧
例（日本語で注意したらけんかになるかもしれない場面でも、ポレポレなら、なんとなくユーモアがあっておもしろいので、みんなが気に入って、口にするようになったから。）

※本書にかかれている解答はあくまでも一例です。答えは、文意があっていれば、○をして下さい。
「思ったこと」「考えたこと」などは様々なとらえ方があります。児童の思いをよく聞いて○をつけて下さい。

P140

ポレポレ (1)・(2) かい答用紙[2]

名前

「ポレポレ」(1)・(2)を読んで、答えましょう。

(六) ピーターがスワヒリ語を教えた相手には、どんな人たちがいますか。三つ書きましょう。(5×3)

（病院のかんごふさんやかん者さん）
（学校の友だち）
（近所のおじいさん）

(七) 友樹がピーターに、「グラウンドにいこう。」とさそわれた時のことについて、次の問いに答えましょう。(7×4)

① はじめ、友樹は、何をしに行くと思ったのですか。

（運動をしに行くと思った。）

② ピーターは、何をしに行こうとさそったのですか。

（空を見に行こう。）

③ グラウンドに行った友樹は、どんな気分になったでしょうか。次の中から選んで○をつけましょう。

（　）いやいや出て行ったので、全然楽しくなかった。
（　）運動が苦手なことがわかってしまったので、とてもいやな気分になった。
（○）とても気持ちがよくて、楽しい気分になった。

④ なぜ、それに○をしましたか。理由を書きましょう。

（略）

(八) 「ピーターが大切にしている、心のたから物」のような気がしたのは、何ですか。文中から五文字で、ぬき書きしましょう。(8)

ル	オ	族	の	話

P141

ポレポレ (2)・(3)・(4) かい答用紙[1]

名前

「ポレポレ」(2)・(3)・(4)を読んで、答えましょう。（かい答用紙二枚）

(一) 「ゆくえ不明って……。」の「……」のところに言葉を入れるとしたら、どんな言葉を入れますか。(8)

（まさか、ゆうかいじゃないだろうね。）

(二) いずみをさがしに出かけたとき、二人が心の中で思ったことを想ぞうして、ふき出しに書いてみましょう。(6×2)

例
どうしたんだろう。
だいじょうぶかな。
ぶじだといいんだけど。

例
ぼくがすぐに見つけて
あげるからね。
心配しなくていいよ。

(三) ぼくが、ピーターのTシャツを引っぱったのは、どうしてですか。(7)

（こわかったから。）

(四) (三)のように思えたのは、何が原いんですか。二つ書きましょう。(6×2)

（てん望台の中は、お化けが出てきても不思議じゃないような暗さ。）
（柱にまきついた、らせん階だん。）

(五) ① 「ピーター？　ピーターなの？」と言ったときの、いずみの気持ちを考えてふき出しに書きましょう。(8)

例
ほんとうにピーターが来てくれたの？
よかった。助かったわ。とてもこわくて
心細かったの。

② ①でいずみの気持ちを考えるとき、参考にしたところを、文中からぬき書きしましょう。(8)

例
（おどろきと喜びとが、いっしょになった声が返ってきた。）

P142

ポレポレ (2)・(3)・(4) かい答用紙[2]

名前

「ポレポレ」(2)・(3)・(4)を読んで、答えましょう。

(六) いずみがクラスの女の子たちに、てん望台に置いていかれたのは、どうしてですか。(8)

（女の子たちに、おそいから、いつも「早くしてよ」ってきつく言っていたので、仕返しをされた。）

(七) いずみはどうして、自分でてん望台から下りてこなかったのですか。(8)

（高い所がこわいので、何回も下りようとしたけれど、下りられなかった。）

(八) ① ピーターはどんな子だと思いますか。三人の意見の中で、いちばん自分の考えに合っているものを一つ選んで、○をしましょう。(5)

略
（　）だれにでも声をかける、陽気で明るい子
（　）人なつこくて、とても親切な子
（　）たくましく、勇気のある子

② なぜ、それを選びましたか。理由を書きましょう。(8)

（略）

(九) いずみは、仕返しをされたことについて、どう思っているでしょう。(8)

例
（クラス委員としてがんばろうと思って、無理してあせっていたから、みんなにきつく言ってしまった。これからは、ポレポレ、でいって、もっとみんなにやさしくしよう。）

(十) あなたは、どんなときに、「ポレポレ」と言ってみたいですか。(8)

（略）

※本書にかかれている解答はあくまでも一例です。答えは、文意があっていれば、○をして下さい。
「思ったこと」「考えたこと」などは様々なとらえ方があります。児童の思いをよく聞いて○をつけて下さい。

P146

風のゆうれい (1)・(2)・(3)

146 名前

「風のゆうれい」(1)・(2)・(3)を読んで、答えましょう。

(一) このお話の主人公の名前を、二人書きましょう。(4×2)

（ジョナサン）と（デイビッド）

(二) 主人公以外の登場人物（動物などもふくむ）を、全部書きましょう。(4×3)

① 人（おばあさん、船頭、海のまほう使い、小さなおじいさん、年をとった水夫）
※海のまほう使いは③に入れてもよい

② 動物（ワシ）

③ 人か動物かわからないがお話の中に出てくるもの（海のかいぶつ、風のゆうれい）

(三) 大きな川をわたる二つの方法について、表にまとめましょう。(5×8)

川をわたる二つの方法	泳いでわたる。	船に乗ってわたる。
その方法の特ちょう	ただでわたれるが、ぬれる。	船ちんがかかる。(船頭がほしいというものを、あげなくちゃいけない。)
だれがその方法でわたったか	デイビッド	ジョナサン
川をわたっているときのできごとや様子	持ち物を全部シャツにくるんで、それを頭にのせて泳いだ。下流まで流されたが、なんとか、向こう岸に泳ぎ着いた。	船頭が「月がほしい」と言ったので、川の水をすくってコップに入れてわたした。

(四) 深い谷をわたる二つの方法について、表にまとめましょう。(5×8)

谷をわたる二つの方法	谷のふちをぐるっと歩いて回る。	ワシのせなかに乗せてもらってわたる。
その方法の特ちょう	一か月かかる。	一分でわたれるが、と中でワシの質問に答えられないと、谷底へふり落とされる。
だれがその方法でわたったか	デイビッド	ジョナサン
谷をわたっているときのできごとや様子	一か月歩き続けて、谷をわたった。	ワシに「真冬に夏のお日様を見つけるには、どうしたらいいか」と聞かれ、「草の葉っぱをさがせ」と答えた。

P147

風のゆうれい (1)・(2)・(3)

147 名前

「風のゆうれい」(1)・(2)・(3)を読んで、答えましょう。

(一) 海をわたる二つの方法を、表にまとめましょう。(5×8)

海をわたる二つの方法	船に乗ってわたる。	海のまほう使いのまほうでわたる。
その方法の特ちょう	海は深いし、あらしや高波や海のかいぶつにもおそわれ、きけんだらけ。	安全だが、まずまほう使いの言うことを聞かなくてはいけない。
だれがその方法でわたったか	デイビッド	ジョナサン
海をわたっているときのできごとや様子	あらしになったり、ちがう方向へ流されたり、雨や寒さや海のかいぶつとも戦って、やっと向こうの陸地についた。	まほう使いに「風をつかまえろ」と言われたが、風をつかまえることができないので、今でも風を追いかけている。

(二) ① 二人の主人公のうち、自分の力を信じてかい決する方法を選んで、旅を続けたのはだれですか。(5)
（デイビッド）

② 他人の力を利用しながら、ちえを働かせてかい決しようとしたのはだれですか。(5)
（ジョナサン）

(三) ① もし、あなたが二人のような旅をするとしたら、デイビッドのような方法を選びますか。それとも、ジョナサンのような方法を選びますか。(10)
（略）

② なぜ、それを選びましたか。理由を書きましょう。(10)
（略）

(四) このお話のおわりに「そして、わたしは、それはそれできっと幸せなのだと思いますよ。」と書かれています。

① わたしとは、だれのことですか。(5)
（作者）

② だれが幸せなのですか。(5)
（ジョナサン）

③ 何が幸せなのですか。(10)
例（ジョナサンが風のゆうれいになったこと。ジョナサンが今でも風を追いかけていること。）

④ あなたは、ジョナサンが風のゆうれいになったことを幸せだと思いますか。あなたの考えを書きましょう。(10)
（略）

著者
藤田　えり子　　大阪府公立小学校　元教諭
堀越　じゅん　　大阪府公立小学校　元教諭
羽田　純一　　　京都府公立小学校　元教諭
平田　庄三郎　　京都府公立小学校　元教諭　他４名

企画・編集者・著者
原田　善造　　　わかる喜び学ぶ楽しさを創造する教育研究所　著者代表

参考文献

・光村図書　「国語４年（上）かがやき（下）はばたき」
・東京書籍　「新編新しい国語　４年（上）（下）」
・教育出版　「ひろがる言葉　小学国語　４年（上）（下）」
・学校図書　「みんなと学ぶ小学校国語　４年（上）（下）」
・大阪書籍　「小学国語４年（上）（下）」
・文部科学省　［資料］平成17年「PISA調査の公開問題例」
・　〃　　　［資料］平成17年「TIMSS調査の公開問題例」
・　〃　　　平成19年度　全国学力・学習状況調査の問題 小学校 国語Ａ・国語Ｂ
・経済界　日本語翻訳版「フィンランド国語教科書　小学３年生～小学５年生」

短文・長文・PISA型の力がつく
まるごと読解力　文学作品　小学４年

２００８年４月２日　第１刷発行
２０１０年１月１日　第２刷発行

著者　　　：藤田 えり子　堀越 じゅん　羽田 純一　原田 善造　平田　庄三郎　他４名による共著
企画・編集　：原田 善造
イラスト　　：山口 亜耶

発行者：岸本 なおこ
発行所：喜楽研（わかる喜び学ぶ楽しさを創造する教育研究所）
〒604-0827 京都府京都市中京区高倉通二条下ル瓦町543-1
TEL075-213-7701　FAX075-213-7706
印刷：株式会社イチダ写真製版

ISBN：978-4-86277-015-8　★　　Printed in Japan